Arno Anzenbacher
Was ist Ethik?

Arno Anzenbacher

Was ist Ethik?
Eine fundamentalethische Skizze

Patmos Verlag
Düsseldorf

CIP-Kurztitelaufnahme der Deutschen Bibliothek

Anzenbacher, Arno:
Was ist Ethik? : Eine fundamentaleth. Skizze / Arno Anzenbacher. –
1. Aufl. – Düsseldorf : Patmos Verlag, 1987.
ISBN 3-491-71082-0

© 1987 Patmos Verlag, Düsseldorf
Alle Rechte vorbehalten. 1. Auflage 1987
Umschlaggestaltung: Peter J. Kahrl, Neustadt/Wied
Gesamtherstellung: Gebr. Rasch, Bramsche
3-491-71082-0

Inhalt

Einleitung

Thema der folgenden Überlegungen sind Grundlegungsfragen der Ethik. Es ist nicht das Anliegen dieses Versuchs, bestimmte Normenprobleme der Ethik zu erörtern, etwa Fragen der ökologischen Ethik, ethische Fragen der Gentechnologie, der Wirtschaft oder der Sexualität. Aufgabe dieser fundamentalethischen Skizze ist es vielmehr, *den Begriff des Ethischen bzw. Moralischen als solchen zu bestimmen und zu differenzieren*. Insofern haben die Überlegungen *philosophischen* Charakter.

Zur Eigentümlichkeit philosophischer Erörterungen gehört es, daß man dabei kaum Neues, Unbekanntes, Überraschendes erfährt. Ziel der philosophischen Erörterung ist es, daß man das, was man eigentlich immer schon weiß, präziser, genauer, differenzierter begreift. Aus diesem Grunde wird es dem Leser auch nicht schwerfallen, diese Darlegungen zu überprüfen. Denn er ist ja *selbst als moralisches Subjekt mit Problemen der Moralität befaßt* und kann darum selbst beurteilen, ob die Weise, wie hier versucht wird, den Begriff des Moralischen zu bestimmen und zu differenzieren, mit dem übereinstimmt, was er als moralisches Subjekt immer schon weiß. Denn jeder hat schon moralisch relevante Entscheidungen getroffen, jeder kennt das, was man die Stimme des Gewissens zu nennen pflegt, und ist wohl auch schon schuldig geworden. Die fundamentalethische Skizze ist dann geglückt, wenn der Leser darin die *Rekonstruktion seines eigenen sittlichen Bewußtseins* zu entdecken vermag. Freilich kann die fundamentalethische Besinnung auch dazu führen, daß die bisherige Gestalt unseres sittlichen Bewußtseins ihre Selbstverständlichkeit verliert. Im Zuge der kritischen Reflexion können sich Überzeugungen, die bisher unproblematisch in Geltung waren, als *Vorurteile* entpuppen, die dem sittlichen Bewußtsein als solchem eigentlich fremd sind, aber auf Grund lebensgeschichtlicher Umstände zum Tragen kamen.

Unsere philosophische Erörterung bezieht sich zugleich auf das Problembewußtsein überlieferten philosophischen Denkens. Die vorliegende fundamentalethische Skizze versucht, Grundmotive des ethischen Philosophierens aller Epochen aufzugreifen und systematisch aufeinander zu beziehen. Dabei soll der Ausdruck »Skizze« deutlich machen, daß keine Vollständigkeit angestrebt wird. Der Gedankengang nimmt die Grundmotive in freier Auswahl auf.

1. Das alltägliche Vorverständnis des Sittlichen

Wir verwenden in unserer Alltagssprache häufig sogenannte *moralische Wörter,* z. B. »gut und böse«, »Verantwortung«, »Schuld«, »Pflicht«, »gerecht und ungerecht«, »human und inhuman«, aber auch »Gewissen«, »Vorsatz«, »Treue«, »Verläßlichkeit«, »Vorwurf«, »Lob und Tadel« etc. Die Verwendung derartiger Wörter zeigt, daß wir in unseren alltäglichen Diskurs ein Vorverständnis des Sittlichen einbringen, das wir in der Regel auch bei unseren Mitmenschen voraussetzen. Wir versuchen zunächst, *einige Elemente dieses alltäglichen Vorverständnisses* herauszustellen. Wir fragen also: Welches Vorverständnis ist vorausgesetzt, wenn wir im alltäglichen Diskurs derartige moralische Wörter verwenden? Ich möchte hier eine Liste derartiger Elemente aufzählen.

(1) Das erste Element besteht einfach in der *Tatsache, daß wir unseren eigenen Handlungen und den Handlungen anderer eine bestimmte moralische Wertigkeit zuschreiben.* Menschliche Praxis gewinnt im alltäglichen Diskurs moralische Bedeutung. Wir interpretieren Handlungen als gut oder böse, wir loben oder tadeln, billigen oder mißbilligen sie. Auf Grund ihrer Praxis beurteilen wir auch die handelnden Menschen in diesem moralischen Sinne. Wir bezeichnen sie als gut oder böse, als moralisch oder unmoralisch, als verantwortungsvoll oder verantwortungslos. Offenbar meinen wir damit stets etwas spezifisch Menschliches. Nur im übertragenen, metaphorischen Sinn sprechen wir vom treuen Hund, vom bösen Stier oder vom mörderischen Giftpilz.

(2) Wenn wir menschlichem Handeln eine bestimmte Wertigkeit zuschreiben, setzen wir offenbar voraus, daß Menschen, zumindest wenn sie zum Gebrauch der Vernunft gelangt sind, *um diese Differenz von Gut und Böse wissen.* Damit ist ein Zweifaches gemeint: Einerseits setzen wir voraus, daß jeder irgendwie weiß, *was gut und was böse ist,* zumindest in einem allgemeinen, unbestimmten Sinne, womit nicht ausgeschlossen ist, daß man im einzelnen durchaus unterschiedlicher Meinung über Gut und Böse sein kann. Andererseits setzen wir voraus, *daß jeder auf jeden Fall weiß, daß das Gute zu tun*

9

und das Böse zu unterlassen ist. Dieses Wissen um Gut und Böse, das wir im Umgang mit Menschen spontan und problemlos voraussetzen, nennen wir in der Alltagssprache »Gewissen«, so undifferenziert unser alltägliches Gewissensverständnis auch sein mag.

(3) Wenn wir menschliches Handeln moralisch beurteilen, setzen wir voraus, daß der handelnde Mensch in einem signifikanten Sinn *Herr seiner Handlung ist.* Nach *Thomas von Aquin* ist das Vernunftwesen »Ursache seiner selbst« *(sui causa),* »sich Ursache des Handelns« *(sibi causa agendi)*[1]. Das heißt: Er selbst bestimmt sich zum Handeln, und zwar zum So-Handeln. Er hätte auch anders handeln oder die Handlung unterlassen können. Wir rechnen Menschen ihr Handeln zu, zumindest wenn sie »zurechnungsfähig« sind. Wie wir handeln, liegt an uns. Wir können etwas dafür. Darum können wir uns selbst und andere auf Grund unseres Handelns als *schuldig* betrachten, bzw. wir können Handeln *vorwerfen.* Wir werden noch genauer zu zeigen haben, daß dieses Element unseres alltäglichen Vorverständnisses auf den Begriff der *Entscheidungsfreiheit* verweist. Wir gehen also in unserem Vorverständnis davon aus, daß das Handeln nicht wie das sonstige Naturgeschehen notwendig aus naturhaft vorgegebenen Determinanten resultiert, also in naturwissenschaftlich erklärbarer Weise auf ein gewisses Input als Output folgt, sondern wir rechnen es dem handelnden Subjekt zu, das sich frei so entschieden hat, das sich selbst so bestimmt hat, obwohl es sich auch anders hätte entscheiden und bestimmen können.

(4) Damit hängt ein Gesichtspunkt zusammen, den wir mit der Rede von »*Verantwortung*« meinen. In »Verantwortung« liegt »*Antwort*«. Jemandem eine Handlung im Sinne von Verantwortung zurechnen heißt offenbar *von ihm erwarten, daß er vernünftig antworten kann auf die Frage, warum er so und nicht anders gehandelt hat.* Wir billigen Handlungen dann, wenn wir sehen, daß sie einer vernünftigen Rechtfertigung fähig sind. Eine Handlung kann dann verantwortet werden, wenn sie vernünftig gerechtfertigt bzw. begründet werden kann. Darin liegt wieder ein doppelter Aspekt. *Einerseits* zeigt uns dieser Gesichtspunkt, *daß wir die Frage, was gut und was böse ist, für diskursfähig halten.* Wir können über diese Frage vernünftig miteinander sprechen. Wir setzen also voraus, daß die Beantwortung dieser Frage nicht einfachhin irrational ist, sondern auf vernünftige Argumentation verweist. *Andererseits* wird deutlich, *daß das*

---

[1] *Thomas von Aquin*, Summa contra gentes II, 48, 1243.

10

Böse immer irgendwie den Charakter des Vernunftwidrigen besitzt.
Man tut es »wider besseres Wissen und Gewissen«, es läßt sich nicht
vernünftig rechtfertigen und ist darum nicht zu verantworten. Wir
handeln böse, weil wir eine Neigung, eine Leidenschaft befriedigen
wollen, von der wir wissen, daß ihre Befriedigung (zumindest jetzt
und unter diesen Umständen) nicht zu verantworten ist. Wir tun
dann, was wir möchten, aber nicht sollten.

(5) Auf ein letztes Element unseres alltäglichen Vorverständnisses ist hinzuweisen: *Unsere moralische Wertung menschlicher Praxis
steht zumeist in einem deutlichen mitmenschlichen bzw. sozialen
Bezug.* Denken wir etwa an die sogenannte zweite Tafel der Zehn
Gebote des Alten Testaments! Vater und Mutter ehren, nicht mor-
den, nicht ehebrechen, nicht lügen und nicht stehlen, das alles verweist auf Grundbedingungen friedlichen und humanen Zusammenlebens von Menschen. Von hier aus ergibt sich – auch für das alltägliche
Vorverständnis – ein Zusammenhang zwischen der Sinnebene des
Moralisch-Sittlichen und der Sinnebene des Rechts. Wir werden auf
diesen Zusammenhang noch eingehen.

Damit haben wir die wichtigsten Elemente des alltäglichen Vorverständnisses des Sittlichen herausgestellt. Es scheint, daß wir im
alltäglichen Diskurs moralische Wörter nur dann sinnvoll verwenden
können, wenn wir diese Elemente voraussetzen. Allerdings ist dieses
alltägliche Vorverständnis in vieler Hinsicht unbestimmt und unprä-
zise. Es enthält eine Reihe von Aporien, Tücken und Fallen.

Hier ist ein *etymologischer Hinweis* angebracht. Das griechische
Wort *ēthos* meint zunächst – bezogen auf die Tiere – den Weideplatz,
dann, übertragen auf die Menschen, den herkömmlichen Ort des
Wohnens und von hier aus das, was im Zusammenhang gemeinsamen
Wohnens Brauch und Sitte ist. Im weiteren Sinn meint *ēthos* dann den
auf diese gemeinsame Sitte bezogenen Charakter des einzelnen, seine
Handlungsweise, Einstellung und Gesinnung. Dagegen ist die Grund-
bedeutung des lateinischen Wortes *mos,* von dem sich »Moral« herlei-
tet, »Wille«. Dabei handelt es sich vor allem um den objektiven Willen, der sich in Brauch, Sitte und Gesetz niedergeschlagen hat, und
von hier aus meint *mos* »Brauch«, »Sitte« und »Gesetz«. Im weiteren
meint *mos* dann aber auch den Willen des einzelnen, seine Einstellung
und Gesinnung, allerdings im Rückbezug auf das, was objektiv
Brauch, Sitte und Gesetz ist.

2. Die einzelwissenschaftliche Problematisierung des alltäglichen Vorverständnisses

Es wäre reizvoll, die Fragen, um die es hier geht, genauer zu verfolgen. Es muß aber genügen, die Fragestellung kurz zu umreißen. Es geht um jenes Wirklichkeitsverständnis, das seit Beginn der Neuzeit immer mehr kulturprägend wurde und im engsten Zusammenhang steht mit der Entwicklung der modernen Wissenschaften. Stark vereinfacht können wir diesen Prozeß folgendermaßen zusammenfassen: Die moderne Naturwissenschaft führte zu einer neuen, strikt *objektivistischen Sicht der Natur.* Die substantialen Formen und die Zweckursächlichkeiten der alten, weitgehend an *Aristoteles* orientierten scholastischen Naturphilosophie fielen der nominalistischen Geisteraustreibung zum Opfer. An die Stelle der alten Sicht der Natur trat zunehmend das am Paradigma der Mechanik orientierte *mechanistische Modell* der Natur, welches die Natur letztlich auf die beiden Aspekte Masse und Bewegung reduziert und sie aus diesen beide Aspekten rekonstruiert. Dieses moderne Modell erwies sich als außerordentlich praktisch. Es erlaubte eine weitgehende *Quantifizierung und Mathematisierung* des Naturgeschehens und führte damit zu hervorragender Exaktheit. Es gestattete darüber hinaus neue Möglichkeiten des Erklärens und Prognostizierens von Phänomenen im Sinne eines neuen Begriffs von Naturgesetzlichkeit. Dadurch ermöglichte das neue Modell eine *neue Verfügbarkeit der Natur,* denn der Zugriff der neuen Wissenschaft trat schon früh in den Dienst technischer Verwertbarkeit im Sinne des berühmten Wortes von Francis *Bacon,* Wissen sei Macht[1]. Die vielfältigen Probleme, die sich heute aus dieser Perspektive ergeben, denken wir an die ökologische Problematik, brauchen uns hier zunächst nicht zu kümmern.

Für unseren Zusammenhang ist es wichtig, daß diese moderne Wissenschaft als empirische Einzelwissenschaft zunehmend *auch den Menschen* zu ihrem Gegenstand machte, etwa in physiologischen, biologischen, psychologischen, soziologischen und nationalökonomischen Anthropologien. Das mechanistische Erklärungsmodell und

---

[1] *Francis Bacon,* Novum organum I, 3: scientia et potentia humana in idem coincidunt.

die moderne Idee der Naturgesetzlichkeit schienen die Möglichkeit zu eröffnen, auch das menschliche Handeln, die Praxis, als naturgesetzlich erklärbares und prognostizierbares, also letztlich berechenbares Verhalten zu erforschen, das im Grunde einer Naturgesetzlichkeit folgt, die durchaus jener der Fallgesetze vergleichbar ist. Die Konsequenz ist klar: Wenn sich menschliche Praxis auf ein letztlich naturgesetzlich erklärbares und prognostizierbares, naturkausal determiniertes Verhalten reduzieren läßt, *dann ist unser alltägliches Vorverständnis des Sittlichen lediglich vorurteilshaftes, falsches Bewußtsein,* das der wissenschaftlichen Aufklärung zum Opfer fallen muß. Dann gehört die Rede von Selbstbestimmung aus Freiheit, von Verantwortung und Schuld einer überholten Vorstellungsweise an. Dann gibt es letztlich keinen eigenständigen Sinn von Moralität.

Ich möchte das durch einige Beispiele andeutungsweise illustrieren[2]. Als Vertreter der frühpositivistischen Zoologie und Psychologie war etwa Carl *Vogt* der Auffassung,»daß alle jene Fähigkeiten, die wir unter dem Namen der Seelentätigkeit begreifen, nur Funktionen der Gehirnsubstanz sind; oder, um mich einigermaßen grob auszudrücken: daß die Gedanken in demselben Verhältnis etwa zu dem Gehirne stehen, wie die Galle zur Leber oder der Urin zu den Nieren«[3]. Berühmtheit erlangte die psychologische Destruktion der Willensfreiheit bei Hubert *Rohracher:*»Was für ein Entschluß schließlich zustandekommt, hängt von der Art und Stärke der beteiligten Triebe und Interessen ab. Der Entschluß entsteht aus den vorangegangenen Vorgängen; er ist durch sie bestimmt, er ist ihr notwendiges, naturgesetzliches Resultat. Freiheit in dem Sinne, daß der Mensch bei der gegebenen Situation auch zu einem anderen Entschluß kommen könnte, besteht nicht...«[4] Insofern»geschieht« dem Menschen das Handeln,»wie ihm das Altwerden geschieht«.»Was der Mensch in seinem Leben getan hat, hat er... gar nicht eigentlich selbst getan, sondern es ist ihm geschehen, daß er es tat.«[5] Dieselbe Tendenz, wenn auch in anderer einzelwissenschaftlicher Akzentuierung, findet sich bei Karl *Steinbuch:*»Was wir an geistigen Funktionen beobachten, ist Aufnahme, Verarbeitung, Speicherung und Aufgabe von Informationen. Auf keinen Fall scheint es erwiesen und auch nur

---

[2] Vgl. dazu: *Wolfgang Schild,* Die Vielfalt der Handlungslehren und die Einheit des Handlungsbegriffs, in: V. Zsifkovits/R. Weiler (Hrsg.), FS f. J. Messner, Berlin 1981, 241–292.

[3] *Carl Vogt,* Physiologische Briefe für Gebildete aller Stände, Gießen [4]1984, 354.

[4] *Hubert Rohracher,* Einführung in die Psychologie, Wien [10]1971, 549.

[5] *Ders.,* Persönlichkeit und Schicksal, Wien 1926, 109.

wahrscheinlich zu sein, daß zur Erklärung geistiger Funktionen Voraussetzungen gedacht werden müssen, welche über die Physik hinausgehen.«[6] Denn die psychischen Vorgänge einschließlich der menschlichen Praxis seien aus der Anordnung und physikalischen Wechselwirkung der Teile des Organismus durch Anwendung kybernetischer Modelle vollständig erklärbar. Nur kurz sei darauf hingewiesen, daß auch Sigmund *Freud* das »Seelenleben« modellhaft als »Funktion eines Apparats« vorstellt, »dem wir räumliche Ausdehnung und Zusammensetzung aus mehreren Stücken zuschreiben, den wir uns also ähnlich vorstellen wie ein Fernrohr, ein Mikroskop u. dgl.«[7]. Dabei hofft er auf präzisere Möglichkeiten der Beschreibung, »wenn wir anstatt der psychologischen Termini schon die physiologischen oder chemischen einsetzen könnten«[8].

Besonders im Zuge der sogenannten *behavioristischen Psychologie* wurde der Anspruch erhoben, menschliche Praxis vollständig auf naturkausales Verhalten zu reduzieren und durch das sogenannte *Stimulus-Response-Schema* zu erklären, wobei als klassisches Paradigma die *Konditionierung* des berühmten *Pawlowschen Hundes* fungierte. Der amerikanische Behaviorist B. F. *Skinner* vertrat in seinem Werk »Jenseits von Freiheit und Würde« noch in jüngster Zeit diesen Standpunkt, indem er die klassische Konditionierung durch umweltbedingte Verstärkerfunktionen differenzierte. Er schreibt: »Die Verhaltensweisen, die als gut oder schlecht und als richtig oder falsch eingestuft werden, sind nicht auf Tugendhaftigkeit oder Schlechtigkeit, nicht auf einen guten oder schlechten Charakter oder auf ein Wissen um Gut und Böse zurückzuführen; sie sind zurückzuführen auf Folgewirkungen, zu denen eine Vielzahl von Verstärkern gehört, darunter auch die verallgemeinerten verbalen Verstärker ›Gut!‹, ›Schlecht!‹, ›Richtig!‹ und ›Falsch!‹«[9].

Auch aus dem Lager der *Ethologie,* der vergleichenden Verhaltensforschung, kommen derartige, Praxis auf Verhalten reduzierende Tendenzen. Man denke etwa an den von Irenäus *Eibl-Eibesfeldt* eingeführten Term »AAM« *(Angeborener auslösender Mechanismus),* einen besonderen Typus des Stimulus-Response-Schemas[10]. Als Bei-

[6] *Karl Steinbuch,* Automat und Mensch, Berlin [4]1971, 2.
[7] *Sigmund Freud,* Abriß der Psychoanalyse, in: Gesammelte Werke XVII, 67.
[8] *Ders.,* Jenseits des Lustprinzips, in: XIII, 65.
[9] *Basil F. Skinner,* Jenseits von Freiheit und Würde, dt. Hamburg 1973, 118.
[10] *Irenäus Eibl-Eibesfeldt,* Grundriß der vergleichenden Verhaltensforschung, München [4]1974, 85.

spiel kann der AAM »Kindchen-Schema« dienen[11]: Das Verhalten zum Baby wird ausgelöst durch ein Ensemble von Babymerkmalen (großer Kopf, vorgewölbte Stirn, kurze, dicke Extremitäten, rundliche Körperformen, Pausbacken etc.), die im Sinne dieses AAM als »lieb« empfunden werden und Aktivitäten der Zuwendung und Zuneigung auslösen. Ohne die ethologisch-einzelwissenschaftliche Brauchbarkeit des AAM-Modells zu bezweifeln, wird man auf die Tendenz hinweisen müssen, die sittliche Bedeutung einer praktischen Haltung des Menschen, etwa der Mutterliebe, völlig auszublenden bzw. sie auf das Niveau eines AAM zu reduzieren. Paul *Leyhausen* versucht, auch das Gewissen ethologisch als AAM-System zu erklären. Wie man sich das vorzustellen hat, illustriert folgendes Beispiel: »Frau von fremdem Mann in brutaler Weise angefallen« führt beim Mann, der das sieht, sofern er nicht einen »schweren angeborenen Defekt hat«, im Sinne eines AAM sofort zu Verteidigungs- und Kampfreaktionen[12]. Das heißt: Hilfsbereitschaft, Tapferkeit und Feigheit erweisen sich in bestimmten Kontexten als Verhaltensweisen im Sinne angeborener auslösender Mechanismen. Es verwundert insofern nicht, daß Konrad *Lorenz* von der »Liebe«, »Treue« und »Ehe« der Graugänse[13] oder von der selbstlosen Kameradenverteidigung der Dohlen[14] spricht. Man sieht, wie hier moralische Wörter verwendet werden, um tierisches und menschliches Verhalten unterschiedslos zu charakterisieren, wobei beides im AAM-Sinn als vollständig naturkausal erklärbar gefaßt wird. Das überrascht auch nicht weiter, wenn man bedenkt, daß *Lorenz* die Moral als »Kompensationsmechanismus« bestimmt, »der unsere Ausstattung mit Instinkten an die Anforderungen des Kulturlebens anpaßt und mit ihnen eine funktionelle Systemganzheit bildet«[15].

Ich möchte hier nicht näher eingehen auf Beispiele aus dem Bereich der Sozial- und Wirtschaftswissenschaften, deren Handlungstheorien, angefangen von undialektischen Interpretationen des Marxschen Basis-Überbau-Schemas, oft dieselbe Tendenz zeigen. Dabei ist allerdings darauf hinzuweisen, daß die Vertreter der Psychologie, Biologie, Soziologie und anderer Humanwissenschaften in ihren Handlungstheorien heute überwiegend vorsichtiger werden.

---

[11] *Ders.*, 497ff.
[12] *Paul Leyhausen*, Antriebe tierischen und menschlichen Verhaltens, München 1968, 65, 69.
[13] *Konrad Lorenz*, Das sogenannte Böse, München 1974, 162ff.
[14] *Ders.*, Über tierisches und menschliches Verhalten II, München 1970, 155.
[15] *Ders.*, Das sogenannte Böse, 352.

Das Bewußtsein, daß das Problem des Sittlichen vom Standpunkt bestimmter einzelwissenschaftlicher methodischer Abstraktionen aus weder thematisiert noch nivelliert werden kann, scheint zu wachsen und einer differenzierteren Sicht menschlicher Praxis Raum zu geben.[16]

Zweifellos haben die diversen einzelwissenschaftlichen Handlungstheorien längst ihren Niederschlag gefunden *in unserem alltäglichen Diskurs über die menschliche Praxis.* Wir sprechen, wenn es um menschliches Handeln geht, ständig von Aggressionen, Neurosen, Verdrängungen, Komplexen, Frustrationen, Entlastungsfunktionen, Systemzwängen, Konditionierungen, Verstärkungen, AAM, Kompensationen, von Entfremdung und Verdinglichung, wir machen aus Schuld Fehlverhalten und Schuldgefühle etc. Auf der einen Seite bewegen wir uns längst im Sog einzelwissenschaftlicher Handlungstheorien und Erklärungsmodelle, aber auf der anderen Seite werfen wir uns – ganz im Sinne des herkömmlichen alltäglichen Vorverständnisses des Sittlichen – unsere Handlungen vor und haben ein gutes oder ein schlechtes Gewissen, wenn wir dies oder das getan haben. Irgendwie leben wir *in einer doppelten Buchhaltung,* indem wir unsere Praxis einerseits naturkausal auf erklärbares und prognostizierbares Verhalten reduzieren und es andererseits als moralisch relevantes Handeln begreifen.

Hier ergeben sich *zwei Probleme.* Das erste ist folgendes: Wenn unserem alltäglichen Vorverständnis des Sittlichen ein unverzichtbarer, eigenständiger Sinn von Moralität zugrunde liegt, so müssen wir versuchen, *diesen eigenständigen Sinn von Moralität stringent aufzuweisen,* also stringent zu zeigen, worin dieser eigenständige Sinn von Moralität besteht und warum wir ihn als unabweisbar postulieren. Das zweite Problem besteht darin, *daß ja die vielfältigen Handlungstheorien der empirischen Humanwissenschaften zweifellos ihre bestimmte Berechtigung und Bedeutung haben.* Sie sind nicht einfach bloß Verirrungen menschlicher Neugierde. Die philosophische Kritik an ihrer Tendenz, den eigenständigen Sinn der Moralität zu nivellieren, bezweifelt in keiner Weise ihre einzelwissenschaftliche Kompetenz in ihren methodisch-abstrakt gefaßten Bereichen. Zweifellos haben sie unser Wissen vom Menschen in enormem Ausmaß erweitert und differenziert. Aber welchen Stellenwert haben ihre Resultate

---

[16] Eine gute Übersicht über den derzeitigen Diskussionsstand bietet: *Hans Lenk* (Hrsg.), Handlungstheorien, 4 Bände, München 1977–1984.

gegenüber dem philosophisch aufzuweisenden eigenständigen Sinn der Moralität? Auf diese Probleme wird zurückzukommen sein.

Ich möchte in diesem Zusammenhang nur kurz darauf hinweisen, daß die Nivellierung des eigenständigen Sinnes der Moralität auch unvermeidlich den *Sinn des Glaubens* betrifft, insbesondere des christlichen Glaubens. Das christliche Erlösungsdenken impliziert wesentlich ein moralisch relevantes Schuldverständnis. Nur weil der Mensch immer schon als moralisches Subjekt gedacht ist, kann er als erlösungsbedürftig und erlösungsfähig gedacht werden.

3. Der Begriff der transzendentalen Differenz

Es geht im folgenden darum, gegenüber der Tendenz, menschliche Praxis empiristisch auf erklärbares und prognostizierbares Verhalten zu reduzieren, den eigenständigen Sinn der Moralität aufzuweisen. Ein solcher Aufweis zielt darauf ab, das alltägliche Vorverständnis des Sittlichen philosophisch zu rehabilitieren und damit den Stellenwert der Moralität in der menschlichen Existenzerhellung sicherzustellen. Ich möchte diesen Aufweis vor allem im Anschluß an das Denken Immanuel *Kants* durchführen. Sicher finden sich die Kerngedanken dieses Aufweises auch bei anderen großen Philosophen, etwa bei *Aristoteles* oder bei *Thomas von Aquin*. In der Transzendentalphilosophie *Kants* erhielten sie jedoch eine besondere Präzisierung, nicht zuletzt deshalb, weil *Kant* bereits mit der empiristischen Nivellierung des Ethischen konfrontiert war und gegen sie anzukämpfen hatte.

Im folgenden geht es zunächst um die Erläuterung des Begriffs der *transzendentalen Differenz*. Dieser Ausdruck findet sich bei *Kant* selbst nicht. Ich übernehme ihn von Erich *Heintel*[1], der ihn im Anschluß an *Kant* prägte. Wir können die Rede von der transzendentalen Differenz durch ein einfaches und einprägsames Bild illustrieren. Dieses Bild findet sich im berühmten Logisch-philosophischen Traktat Ludwig *Wittgensteins*[2], der es ebenfalls im Anschluß an *Kant* entwickelt. Es ist das Bild von *Auge und Gesichtsfeld*. Das Auge kommt in seinem Gesichtsfeld niemals vor. Das Auge ist vielmehr als Bedingung und Grenze des Gesichtsfeldes etwas, was selbst niemals Gegenstand innerhalb des Gesichtsfeldes ist. Die Gegenstände gehören zum Gesichtsfeld, weil sie vom Auge gesehen werden, aber das Auge selbst ist keiner dieser Gegenstände, sondern eben deren Voraussetzung, Bedingung und Grenze.

Im Sinne dieses Bildes können wir einen zentralen Gedanken der sogenannten Transzendentalphilosophie verdeutlichen: *Wie das Auge Voraussetzung, Bedingung und Grenze alles dessen ist, was im*

---

[1] *Erich Heintel*, Einführung in die Sprachphilosophie, Darmstadt ²1975, 56–68.
[2] *Ludwig Wittgenstein*, Tractatus logico-philosophicus, in: Schriften Bd. I, Frankfurt/M. 1960, 90–92.

Gesichtsfeld vorkommt, so setzen alle empirischen Gegenstände, alle Erfahrungsobjekte unserer gesamten Erkenntnis, ein Erkenntnissubjekt voraus, dem sie gegeben sind, das aber selbst im Inbegriff des empirisch-objektiv Gegebenen schlechthin nicht vorkommt. Wie das Gesichtsfeld das Auge voraussetzt, so setzt der Inbegriff alles dessen, was Gegenstand unserer Erfahrung, was also empirisch-objektiv gegeben ist, ein Subjekt voraus, *dem* es gegeben ist und *für das* es Objekt ist. Und dieses Subjekt unserer objektiven Erfahrungswelt kommt in dieser objektiven Erfahrungswelt ebensowenig vor wie das Auge im Gesichtsfeld. Das erkennende Subjekt ist vielmehr die Voraussetzung, die Bedingung und die Grenze des Inbegriffs der objektiven Erfahrungswelt.

Man wird dagegen einwenden, *daß sich doch das Subjekt in vielfältiger Weise selbst zum Gegenstand machen könne.* Wir können uns selbst beobachten, wir können uns reflektierend unsere Erfahrungen, Gefühle, Wünsche, unsere Erkenntnisse, Interessen und Vorverständnisse bewußtmachen und damit gewissermaßen vergegenständlichen, also zu Objekten machen. Oder wenn wir im Bild bleiben: Wenn wir in den Spiegel schauen, sehen wir das Auge im Gesichtsfeld. Aber wir merken sofort, daß derartige Einwände letztlich das Problem verfehlen, um das es hier geht. Denn das Auge, das wir im Spiegel sehen, hat kein Gesichtsfeld mehr. Es ist vielmehr Gegenstand im Gesichtsfeld eines Auges, das im Gesichtsfeld nicht vorkommt, aber seine Voraussetzung, Bedingung und Grenze ist. So auch hier. Alle sogenannten inneren Erfahrungen, um die es etwa der introspektiven Psychologie geht, führen letztlich zu Gegebenheiten, die ebenso empirisch-objektiv sind wie die Gegenstände der sogenannten äußeren Erfahrung. Sie gehören mit den Gegenständen der äußeren Erfahrung zum Inbegriff unserer objektiven Erfahrungswelt und setzen insofern ein Subjekt voraus, dem sie gegeben sind, für das sie Gegenstände sind und das selbst in diesem Inbegriff nicht vorkommt, sondern sich ihm gegenüber als Bedingung und Grenze voraussetzt.

Kant hat aus diesem Grunde zwischen dem *transzendentalen und dem empirischen Ich,* zwischen dem »Ich, der ich denke« und dem »Ich, das sich selbst anschaut«[3] unterschieden. *Das empirische Ich* ist das Subjekt, das Ich, sofern es in vielfältiger Weise zum Gegenstand der Erfahrung wird, einerseits zum »Objekt der Wahrnehmung, mit-

---

[3] *Immanuel Kant,* Kritik der reinen Vernunft (KrV) B 155.

hin des inneren Sinnes, was eine Mannigfaltigkeit von Bestimmungen enthält, die eine innere Erfahrung möglich machen«[4], darüber hinaus (wenn wir die Bedeutung des Ausdrucks erweitern) zum Gegenstand jeder Erfahrung, auch der methodisch abstrakten. Erinnern wir uns kurz an das, was wir in unserer letzten Überlegung über die *empirischen Humanwissenschaften* sagten. Alles, was die empirischen Humanwissenschaften, etwa die Psychologie, die Soziologie, die Biologie, die Nationalökonomie u.a.m. über den Menschen aussagen können, betrifft letztlich das, was *Kant* das empirische Ich nennt, das Ich also, das *Gegenstand der Erfahrung* ist. Das *transzendentale Ich* jedoch ist das Ich genau insofern, als es nicht Gegenstand, sondern Subjekt der Erfahrung ist, sich also aller Erfahrungsgegenständlichkeit, auch dem empirischen Ich gegenüber, als Bedingung und Grenze voraussetzt. Dieses sich aller empirischen Objektivierung uneinholbar voraussetzende transzendentale Ich kommt im Inbegriff des Empirisch-Objektiven nicht vor. Es entzieht sich prinzipiell jedem Zugriff empirisch-humanwissenschaftlicher Objektivierung, ist aber zugleich Voraussetzung, Bedingung und Grenze aller empirisch-humanwissenschaftlichen Erkenntnis und Objektivität.

Auf Grund dieser Überlegung läßt sich *der Begriff der transzendentalen Differenz bestimmen.* Es geht um die Differenz zwischen allem, was in der (inneren und äußeren) Erfahrung empirisch-objektiv zur Gegebenheit kommt, und dem Subjekt, *für das* es empirisch-objektiv zur Gegebenheit kommt. Es ist die Differenz zwischen dem Inbegriff dessen, was empirisch-objektiv unserer Erfahrungswelt zugehört und dem sich ihr gegenüber als Bedingung und Grenze voraussetzenden Subjekt, das *Kant* das transzendentale Ich nennt. Und dieses transzendentale Ich kommt im Inbegriff des Empirisch-Objektiven ebensowenig vor wie das Auge im Gesichtsfeld.

Ich weise kurz darauf hin, welche Konsequenzen sich aus dieser grundlegenden transzendentalphilosophischen Erörterung ergeben:

(1) Der Aufweis der transzendentalen Differenz erweist sich in bestimmter Hinsicht als *Einstieg in die Metaphysik.* Denn das Empirisch-Objektive verweist von sich aus auf etwas, eben auf das transzendentale Subjekt, das selbst nichts Empirisch-Objektives ist, aber allem Empirisch-Objektiven gegenüber als Bedingung und Grenze vorausgesetzt ist.

---

[4] *Ders.,* Anthropologie I, § 4 Anm., AA VII, 134.

(2) Der Aufweis der transzendentalen Differenz macht uns klar, daß es unmöglich ist, das transzendentale Ich *nach Art des empirisch-objektiv Gegebenen zu denken.* Erfahrung läßt sich nicht denken nach der Art der Gegenstände, die in der Erfahrung zur Gegebenheit gelangen, also als »Vorgang in der Erfahrung«[5]. Die Vermittlung, die in aller Erkenntnis geschieht, kann nicht gedacht werden nach der Art der Dinge, die in ihr vermittelt werden.

(3) Der Aufweis der transzendentalen Differenz zeigt weiters, daß es für den Inbegriff empirischer Einzelwissenschaften, insbesondere der empirischen Humanwissenschaften, *eine prinzipielle Grenze ihrer Zuständigkeit* gibt. Die empirische Wissenschaft muß zwar immer die transzendentale Differenz voraussetzen, kann sie jedoch niemals thematisieren. Denn die transzendentale Differenz ist per definitionem keine empirische Differenz. Darum sind auch die transzendentalen Bestimmungen des Subjekts nicht Gegenstände einzelwissenschaftlicher Forschung. Wer sich in empirisch-einzelwissenschaftlicher Kompetenz über Geist, Vernunft, Selbstbewußtsein, Entscheidungsfreiheit etc. äußern möchte, hat die transzendentale Differenz nicht begriffen und überschreitet seine fachliche Zuständigkeit.

(4) Fragt man, warum das abendländische Denken dem Menschen eine *unverletzliche Würde* zuschreibt, so stößt man rasch auf jene Grundbewandtnis des Menschseins, die mit der Rede von der transzendentalen Differenz angesprochen wurde. Weil der Mensch nicht darin aufgeht, physisch-empirisches Objekt zu sein, sondern durch seine Persönlichkeit ein »von der ganzen Sinnenwelt unabhängiges Leben«[6] zu vollziehen vermag, weil er als »Bürger zweier Welten« einerseits seinen Platz hat innerhalb der empirisch-objektiven Natur, diese jedoch immer schon als transzendentales Ich transzendiert und bedingt, darum hat er Würde und verdient Achtung.

---

[5] *Heintel,* a.a.O. 59.
[6] *Kant,* Kritik der praktischen Vernunft (KpV) A 289.

4. Sittengesetz und Entscheidungsfreiheit

In der »Kritik der reinen Vernunft« macht *Kant* das transzendentale Subjekt vor allem *in gegenstandskonstitutiver Hinsicht* zum Thema der transzendentalen Reflexion. Er zeigt, in welcher Bestimmung das Subjekt vorausgesetzt werden muß, damit es Bedingung der Gegebenheit von Erfahrungsgegenständen, Erfahrungszusammenhängen und Erfahrungstotalitäten sein kann, also Erkenntnisgegenstände überhaupt zu konstituieren vermag. Die Eingangsfrage der »Kritik der praktischen Vernunft« ist nun die folgende: Ist das transzendentale Subjekt nur in theoretisch-gegenstandskonstitutiver Hinsicht, also nur im Vollzug der Erfahrungserkenntnis, spontan, oder kommt ihm auch Spontaneität in praktischer Hinsicht zu? *Kann reine, transzendentale Vernunft aus sich selbst praktisch werden?*[1]

Es ist zu verdeutlichen, was mit dieser Frage gemeint ist. Für das empiristische Denken, für die empirischen Humanwissenschaften ebenso wie für die Ethik im Zeichen des Empirismus, ist menschliche *Praxis Ergebnis eines gesetzmäßigen, physisch-empirischen Wirkungszusammenhangs,* etwa im Sinne dessen, was man das Stimulus-Response-Schema nannte. Auf der einen Seite steht die Persönlichkeit, bestimmt durch ein komplexes Triebsystem charakteristischer individueller Ausprägung. Auf der anderen Seite steht der Stimulus, der Reiz, das empirische Motiv. Im Sinne eines Lust-Unlust-Kalküls resultiert aus beiden naturnotwendig das bestimmte Verhalten. Menschliches Handeln ist damit prinzipiell auf naturkausales Verhalten reduziert, der eigenständige Sinn von Moralität ausgeschlossen. Nun wird niemand bezweifeln, daß wir als Menschen immer auch in diesem triebbezogenen Sinne, also in der Weise der Lust-Unlust-Motivation, motiviert sind. Ständig bestimmen uns unsere Triebe, Neigungen, Aversionen, Vorlieben und subjektiven Interessen, und sie bestimmen uns eben empirisch im Sinne der Lust-Unlust-Motivation. Wir streben danach, Lust zu gewinnen und Unlust zu vermeiden. Die antike und mittelalterliche Philosophie ordnete diese ganze Lust-

---

[1] *Kant,* KpV A 29–32.

Unlust-Motivation den »Leidenschaften der Seele« *(passiones ani-mae)* und damit der Sinnlichkeit zu, die ihrerseits vom Geist und seinen Fähigkeiten unterschieden wurde.

Für *Kant,* der an diese Tradition anschließt und sie transzendental-philosophisch interpretiert, stellt sich folgendes Problem: Wäre der Mensch ausschließlich sinnlich-empirisch, also im Sinne der Lust-Unlust-Motivation, motiviert, so wäre Praxis lediglich naturkausales Verhalten, das sich im Prinzip vollständig erklären ließe durch rein empirische Bestimmungen. Das Handeln »geschähe« dem Menschen, »wie ihm das Altwerden geschieht« *(H. Rohracher).* Es hätte keiner-lei Sinn, von moralisch relevanter Freiheit, Verantwortlichkeit, moralischer Wertigkeit der Praxis etc. zu sprechen. Nun machte aber das Denken der transzendentalen Differenz zunächst in gegenstands-konstitutiver Hinsicht deutlich, daß der Mensch gerade nicht im Sinn-lich-Empirischen aufgeht, sondern es transzendiert, sofern sich Transzendentalität gegenüber aller empirischen Objektivität als Bedingung der Möglichkeit voraussetzt. Es stellt sich somit die Frage: *Wie müßte die menschliche Motivationsbewandtnis verfaßt sein, wenn die transzendentale Differenz nicht nur in gegenstandskonstitutiver, sondern auch in praktischer Hinsicht der Fall wäre?*

Offenbar müßte es eine von der sinnlich-empirischen Lust-Unlust-Motivation prinzipiell unterschiedene Motivation geben, also eine nicht-empirische, transzendentale Motivation, die sich nicht aus sinn-lichen Neigungen, Trieben, Gefühlen, Affekten etc., sondern *aus der Vernunft als solcher* ergibt. Es müßte also angenommen werden, daß der Mensch in einer *doppelten Motiviertheit* steht. Auf der einen Seite ist er im Sinne der Lust-Unlust-Motivation sinnlich-empirisch moti-viert. Auf der anderen Seite jedoch müßte »reine Vernunft zur Bestimmung des Willens für sich allein« zureichen[2] und insofern prak-tisch sein. Nur in einer derartigen Spannung zwischen Neigungsmoti-vation und Vernunftmotivation wäre es möglich, den eigenständigen Sinn der Moralität zu bestimmen.

Aber wie müßte eine solche Vernunftmotivation aussehen? Kant denkt hier durchaus im Sinne der traditionellen Philosophie. Diese stellt Sinnlichkeit und Vernunft einander so gegenüber, daß der Gegenstand der Sinnlichkeit immer das Individuell-Besondere der Wahrnehmung, aber auch der Lust und Unlust, der Gegenstand der Vernunft jedoch das Universelle ist. »Die Lust aus der Vorstellung

[2] A 30.

23

der Existenz einer Sache, so fern sie ein Bestimmungsgrund des Begehrens dieser Sache sein soll, gründet sich auf der *Empfänglichkeit* des Subjekts, weil sie von dem Dasein eines Gegenstandes *abhängt;* mithin gehört sie dem Sinne (Gefühl) und nicht dem Verstande an, der eine Beziehung der Vorstellung auf ein *Objekt,* nach Begriffen, aber nicht auf das Subjekt, nach Gefühlen, ausdrückt.«[3] Die nicht-empirische Vernunftmotivation müßte also hinsichtlich unserer Praxis *zwei Momente miteinander verbinden:* einerseits ein unbedingtes, kategorisches *Sollen,* in dem sich die durch die Vernunft begriffene objektive Notwendigkeit ausdrückt, und andererseits die reine Vernunftform des Universellen. Wir könnten diese Vernunftmotivation folgendermaßen ausdrücken: Handle so, daß deine Handlungsweise verallgemeinerbar ist bzw. daß du wollen kannst, daß alle so handeln wie du jetzt bzw. daß die Universalisierung deiner Handlungsweise ein allgemeines Gesetz sein könnte. *Kant* formuliert: »Handle so, daß die Maxime deines Willens jederzeit zugleich als Prinzip einer allgemeinen Gesetzgebung gelten könne.«[4] Wir sind also beim sogenannten *kategorischen Imperativ* angelangt. Dieser Imperativ, den *Kant* auch das *Sittengesetz* nennt, fordert, daß ich den individuell-besonderen Gesichtspunkt der sinnlichen Neigungen, eben die Lust-Unlust-Motivation, übersteige, und zwar auf den Gesichtspunkt der Vernunft, also des Universellen, hin. Ich habe also den Gesichtspunkt des eigenen, subjektiven Vorteils, der Lust-Unlust-Motivation, zu übersteigen auf den Gesichtspunkt des universell und objektiv Menschlichen hin. Darum lautet eine andere Formulierung des kategorischen Imperativs: »Handle so, daß du die Menschheit, sowohl in deiner Person, als in der Person eines jeden anderen, jederzeit zugleich als Zweck, niemals bloß als Mittel brauchest.«[5] In dieser Universalität versteht sich auch die sogenannte *Goldene Regel:* Sie lautet im Sprichwort: Was du nicht willst, was man dir tu, das füg' auch keinem andern zu! Kategorischer Imperativ und Goldene Regel hängen aufs engste zusammen.

Zu dieser Überlegung *Kants,* die Universalisierung sei das entscheidende Kriterium der Vernunftmotivation gegenüber der sinnlich-empirischen Neigungsmotivation, lieferte R. M. *Hare*[6] eine wichtige Präzisierung, die verbreitete Mißverständnisse zu vermeiden

---

[3] A 40. [4] A 54.
[5] Grundlegung zur Metaphysik der Sitten (GMS) BA 66f.
[6] *Richard M. Hare,* Freedom and Reason, Oxford 1962; dt.: Freiheit und Vernunft, Frankfurt/ M. 1983, 53–57.

hilft, an denen, wie es scheint, auch *Kant* selbst nicht unbeteiligt ist. Nach *Hare* ist es wichtig,»daß hier zwischen ›universell‹ und ›allgemein‹ unterschieden wird«[7]. Während das Gegenteil von ›allgemein‹ ›spezifisch‹ ist, ist das Gegenteil von ›universell‹ ›singulär‹. In der Vernunftmotivation geht es nicht um eine möglichst große Allgemeinheit, sondern um Universalisierung in dem Sinne, daß der bloß singuläre Gesichtspunkt überstiegen wird. Dem Prinzip der Universalisierbarkeit widerspricht es also keineswegs, wenn unsere Vernunftmotivationen, etwa im Zuge gewonnener Erfahrungen, mehr und mehr spezifisch werden, also die Eigenart der situativen Umstände berücksichtigen und Ausnahmen bzw. Einschränkungen einbeziehen. Sie sind auch dann noch universell im Sinne der Vernunftform des kategorischen Imperativs. Es wurde oft darauf hingewiesen, daß der allgemeine Grundsatz»Du sollst nicht lügen!«, wenn er als undifferenzierbares Subsumtionsallgemeines gefaßt wird, in konkreten Kontexten zu absurden Konsequenzen führt, etwa dann, wenn ich in einem inhumanen politisch-gesellschaftlichen System einen Unschuldigen durch eine Lüge vor der Verhaftung retten könnte. Spezifizierung widerspricht nicht der Universalisierung. Entscheidend ist, daß nicht der subjektiv-singuläre Vorteil motiviert, sondern die Spezifizierung als Präzisierung innerhalb der Idee einer allgemeinen Gesetzgebung gedacht werden kann. Ich muß wollen können, daß alle in Handlungskontexten dieser Art (Spezifizierung) so handeln wie ich jetzt. Schon bei *Thomas von Aquin* zeigt sich, daß die Grenze zwischen dem, was die wesentliche Bestimmung *(species)* und was die akzidentellen Umstand *(circumstantia)* einer Handlung ausmacht, relativ und fließend ist[8]. Was in einer Hinsicht unwesentlicher Umstand ist, kann in anderer Hinsicht wesentlich werden. Der Streit zwischen deontologischen und teleologischen Ethikern könnte bei Beachtung der Präzisierung *Hares* weitgehend entschärft werden. Sie mag gewissen Formulierungen *Kants* widersprechen, nicht jedoch seinem systematischen Grundanliegen.

Die entscheidende Frage ist nun folgende: Ist diese Vernunftmotivation tatsächlich der Fall? Wird – gegenläufig zur sinnlich-empirisch-triebhaften Lust-Unlust-Motivation – *das transzendentale Subjekt,* oder wie *Kant* sagt: die reine Vernunft, *aus sich selbst praktisch bzw.*

---

[7] 53f.
[8] Vgl. vor allem: Summa theologiae (STh) I.II. 18. Dazu: *Bruno Schüller,* Die Quellen der Moralität. Zur systematischen Ortung eines alten Lehrstücks der Moraltheologie, in: ThPh 59 (1984) 535–559.

Bestimmungsgrund unseres Begehrens? Stehen wir tatsächlich in dieser doppelten Motivation? Natürlich kann diese Frage nicht empirisch beantwortet werden, weil – wie wir sahen – das transzendentale Subjekt kein empirischer Gegenstand, sondern Voraussetzung, Bedingung und Grenze alles Empirischen ist. *Kant* meint nun folgendes: Diese Vernunftmotivation bzw. der kategorische Imperativ als Sittengesetz ist eine Tatsache, die jeder Mensch so in sich selbst entdeckt, daß er sich schlechthin kein vernünftiges Wesen denken kann, das nicht im Sinne dieses Sittengesetzes motiviert wäre. Das Sittengesetz erweist sich also als »Faktum der Vernunft«[9]. »Das vorher genannte Faktum ist unleugbar. Man darf nur das Urteil zergliedern, welches die Menschen über die Gesetzmäßigkeit ihrer Handlungen fällen: so wird man jederzeit finden, daß, was auch die Neigung dazwischen sprechen mag, ihre Vernunft dennoch, unbestechlich und durch sich selbst gezwungen, die Maxime des Willens bei einer Handlung jederzeit an den reinen Willen halte, d. i. an sich selbst, indem sie sich als a priori praktisch betrachtet.«[10] Das transzendentale Subjekt erweist sich also nicht nur in theoretischer Hinsicht, also als gegenstandskonstitutiver Verstand, sondern auch in praktischer Hinsicht, also als praktische Vernunft, als spontan, im Sinne des Sittengesetzes, des kategorischen Imperativs.

Weisen wir auf einige Konsequenzen dieses Gedankenganges hin!

(1) Der Aufweis, daß das Sittengesetz Tatsache der Vernunft ist, führt unmittelbar zur *Entscheidungsfreiheit.* Weil menschliche Praxis nur aus dieser doppelten Motivation zu verstehen ist, läßt sie sich nicht auf einen naturkausalen, physisch-empirischen Wirkungszusammenhang reduzieren. Wenn die Vernunft des Menschen aus sich selbst praktisch werden kann, dann ist damit die naturkausale Determination prinzipiell transzendiert. »Also ist ein Wille, dem die bloße gesetzgebende Form der Maxime allein zum Gesetze dienen kann, ein freier Wille.«[11] »Freiheit und unbedingtes praktisches Gesetz weisen also wechselseitig aufeinander zurück.«[12] Ob sich in unserer Praxis die empirischen Neigungsmotive bestimmend durchsetzen oder Vernunft im Sinne des Sittengesetzes praktisch wird, das liegt dann bei uns, das ist eine Frage unserer Selbstbestimmung aus Freiheit, unserer Entscheidung. Genau darin liegt die moralische Bewandtnis unserer Praxis, unsere Verantwortung für unser Handeln.

---

[9] *Kant,* KpV A 55ff.
[10] A 56.
[11] A 51f.
[12] A 52.

(2) Aus dem Gesagten läßt sich leicht ein erster Begriff der *moralischen Grunddifferenz von Gut und Böse* entwickeln: Moralisch gut ist ein Handlungsmotiv genau dann, wenn sein Bestimmungsgrund – *Kant* sagt: seine Triebfeder[13] – die Vernunftform des Sittengesetzes als solche ist, d. h., wenn wir etwas genau darum wollen, weil es der Vernunftmotivation entspricht, also *weil es Pflicht ist.* Moralisch böse ist ein Handlungsmotiv, wenn es sich dabei um ein Neigungsmotiv handelt, das der Vernunftmotivation widerspricht, d. h., wenn wir etwas tun möchten, wovon wir wissen, daß wir es nicht sollten. Die Frage, was in inhaltlicher Hinsicht moralisch gut und moralisch böse ist, entscheidet sich ausschließlich in der je eigenen praktischen Vernunft, die wir Gewissen nennen können.

(3) *Der Begriff der Entscheidungsfreiheit ist zu unterscheiden vom Begriff der Handlungsfreiheit.* Handlungsfreiheit ist *äußere Freiheit* und insofern eine Frage des äußeren Spielraums der Handlungsmöglichkeiten, der unter unterschiedlichen Umständen größer oder kleiner sein kann. So können etwa äußere Zwänge die Handlungsfreiheit einschränken, etwa wenn ich eingesperrt oder gefesselt bin. Die sogenannten Freiheitsrechte betreffen diese äußere Handlungsfreiheit, die Freiheit des Spielraums. Die Entscheidungsfreiheit dagegen ist *innere Freiheit,* Freiheit der Selbstbestimmung, in welcher wir uns gut oder böse motivieren und entscheiden. Diese innere Freiheit der Entscheidung ist in gewisser Hinsicht unabhängig vom Spielraum der Handlungsfreiheit. Man denke etwa an die »Freiheit des Gefangenen« oder an die Radikalisierung der Entscheidungsfreiheit dort, wo nahezu jeder Spielraum der Handlungsfreiheit verschwindet, etwa im Falle des Martyrers oder des Dissidenten. Moralisch relevant ist letztlich nur die Entscheidungsfreiheit. Dabei ist es sicher richtig, sich dafür einzusetzen, der Entscheidungsfreiheit einen Spielraum der Handlungsfreiheit zu schaffen, etwa im Sinne der Menschenrechte. Aber die Freiheit, um die es in der Ethik letztlich geht, ist die Entscheidungsfreiheit und nicht die Handlungsfreiheit.

---

[13] A 126–159.

5. Die Antithesen des Gewissens

Im Sinne der Überlegungen, die wir im Anschluß an *Kant* anstellten, können wir sagen, das Gewissen sei die praktische Vernunft im Zeichen der moralisch relevanten doppelten Motiviertheit. Das Gewissen ist »die dem Menschen in jedem Fall eines Gesetzes seine Pflicht zum Lossprechen oder Verurteilen vorhaltende praktische Vernunft«[1]. Das Gewissen kann als vorausgehendes Gewissen die geplante oder erwogene Handlung moralisch beurteilen (Was soll ich tun?) oder als nachfolgendes Gewissen die vollzogene Handlung seinem Urteil unterwerfen (Habe ich gut gehandelt?). Da die strikt moralische Wertigkeit einer Handlung bzw. Motivation stets in der Gesinnung der Pflichtgemäßheit oder Pflichtwidrigkeit gründet, entscheidet sie sich stets im vorausgehenden Gewissen, also darin, ob ich nach bestem Wissen und Gewissen handle oder nicht.

Kant verdeutlicht den Sachverhalt der doppelten Motiviertheit in mehreren Antithesen, welche die Differenz zwischen Vernunft- und Neigungsmotivation illustrieren und damit den eigenständigen Sinn der Moralität herausstellen. Diese Antithesen präzisieren zugleich, wie die praktische Vernunft qua Gewissen in der moralisch relevanten Entscheidung steht.

(1) *Die Antithese material – formal*. In jeder Neigungsmotivation motiviert ein bestimmter empirischer Inhalt, eine empirische Materie, etwa der Gewinn einer bestimmten Lust oder die Vermeidung einer bestimmten Unlust. In diesem Sinne sind Neigungsmotivationen material als Lust-Unlust-Motivationen. In der nicht-empirischen, moralischen Motivation, in welcher es um die Pflicht im Sinne des Sittengesetzes geht, motiviert keine derartige empirische Materie, keine »Lust an der Wirklichkeit eines Gegenstandes«[2], kein bestimmter Vorteil oder Nachteil, sondern ausschließlich *die Vernunftform als solche*. Insofern motiviert die moralische Motivation als Vernunftmotivation formal[3].

---

[1] *Kant,* Metaphysik der Sitten, Tugendlehre (MST) A 37 f.
[2] KpV A 39.
[3] Dazu: A 38–51.

Wir zeigen am Beispiel des Imperativs »Du sollst nicht ehebrechen!«, was damit gemeint ist. Dieser Imperativ kann *in zweifacher Weise* praktisch motivieren. Im *ersten Fall* wird er folgendermaßen verstanden: Du sollst nicht ehebrechen, denn wenn du die Ehe brichst, könnte das große Nachteile für dich haben. Du bekommst Ärger mit deiner Frau, wenn sie dahinterkommt, Ärger mit der anderen, mit der du die Ehe brechen willst, und vielleicht handelst du dir auf diese Weise sogar die Immunschwäche Aids ein. Verstehe ich den Imperativ so, dann bin ich nach *Kant* lediglich material motiviert, also im Sinne der Lust-Unlust-Motivation. Meine Unterlassung des Ehebruchs aus derartigen Gründen mag pflichtgemäß sein, sie ist jedoch ohne allen moralischen Wert. Was mich motiviert, ist eine empirische Materie, die Vermeidung bestimmter Nachteile. – Ein ganz anderer Sachverhalt ergibt sich im *zweiten Fall,* wenn ich den Imperativ folgendermaßen verstehe: Du sollst nicht ehebrechen, denn ein Zustand, in welchem jeder je nach Neigung und Gelegenheit die Ehe bricht, ist ein Zustand, den niemand vernünftigerweise wollen kann. Ich muß ihn als vernunftwidrig und menschenunwürdig beurteilen. Verstehe ich den Imperativ in dieser oder in ähnlicher Weise, so motiviert mich keine empirische Materie, kein persönlicher Vorteil oder Nachteil im Sinne der Lust-Unlust-Motivation, sondern genau *die allgemeine Vernunftform des Sittengesetzes.* In diesem Fall verpflichtet der Imperativ formal. Wenn ich ihm folge, so unterlasse ich den Ehebruch nicht nur pflichtgemäß, sondern zugleich *aus Pflicht,* und diese Unterlassung ist im strikt moralischen Sinne gut und wertvoll.

(2) *Die Antithese subjektiv – objektiv.* Motiviert ein Imperativ *subjektiv,* so motiviert er im Sinne der Lust-Unlust-Motivation, denn was motiviert, ist mein subjektiver Vorteil. Das bestimmende Prinzip ist dann das »Prinzip der Selbstliebe«[4]. Die Handlung, deren Triebfeder das Prinzip der Selbstliebe ist, ist moralisch wertlos. Motiviert mich ein Imperativ jedoch auf Grund der sich in ihm aussprechenden und von mir begriffenen objektiven Notwendigkeit, seiner allgemein-menschlichen, universellen Gesetzesbewandtnis, ganz unabhängig vom subjektiven Vorteil oder Nachteil, so motiviert er mich im strikt moralischen Sinne.

(3) *Die Antithese hypothetisch – kategorisch.* Ein hypothetischer Imperativ gebietet eine Handlung als Bedingung bzw. als Mittel zur

---

[4] A 41.

Erreichung eines Zweckes; »die Handlung wird nicht schlechthin, sondern nur als Mittel zu einer anderen Absicht geboten«[5], letztlich wieder im Sinne des Prinzips der Selbstliebe. Die Verbindlichkeit eines derartigen hypothetischen Imperativs hat keinen moralischen Charakter. Wer Vater und Mutter nur ehrt, um nicht enterbt zu werden, ist nicht moralisch motiviert. Ein kategorischer Imperativ gebietet die Handlung schlechthin und unbedingt. Er betrifft nicht die »Materie der Handlung«, »sondern die Form und das Prinzip, woraus sie selbst folgt, und das Wesentlich-Gute derselben besteht in der Gesinnung«[6]. Nur wenn ein Imperativ so gebietet, gebietet er moralisch.

(4) *Die Antithese heteronom – autonom.* Heteronomie, Fremdgesetzgebung, kennzeichnet den Motivationstypus, in welchem das Gesetz des Handelns von außen, von anderem kommt. Der heteronom Motivierte steht im Zeichen der Naturkausalität, der Lust-Unlust-Motivation, er steht »unter empirisch bedingten Gesetzen«[7], unter dem »Naturgesetz der Begierden und Neigungen«[8]. Es motivieren subjektive Vorteile und Nachteile, Belohnung und Bestrafung. Gegenüber aller naturkausaler Heteronomie besteht die »Autonomie der reinen praktischen Vernunft«[9] darin, daß sich die Vernunft selbst das Gesetz gibt und ebendadurch auf dem Boden moralisch relevanter Kausalität aus Freiheit steht. Nur die autonome, in Funktion des Sittengesetzes stehende je-eigene Vernunfteinsicht in die objektive Notwendigkeit einer Handlungsmaxime, unabhängig von allen subjektiv-heteronomen Neigungsmotiven, konstituiert die Pflicht im strikt moralischen Sinne. Heteronom motiviertes Handeln mag pflichtgemäß sein, da es jedoch nicht aus Pflicht geschieht, hat es keinerlei moralischen Wert.

Diese Antithesen illustrieren, was *Kant* meint, wenn er vom Sittengesetz als Faktum der Vernunft spricht. Wir entdecken in uns unabweisbar diese beiden Typen von Motivation, die sich in den Antithesen material-formal, subjektiv–objektiv, hypothetisch–kategorisch, heteronom–autonom verdeutlichen lassen. Der Gegensatz zwischen diesen beiden Motivationstypen zeigt die eigentümliche, moralisch relevante Motivationsbewandtnis des Menschen als Bürger zweier Welten, der einerseits als Sinnenwesen auf Grund der Lust-Unlust-Motivation der Neigungen in die Naturkausalität einbezogen

---

[5] GMS BA 43.
[6] Ebd.
[7] KpV A 74.
[8] GMS BA 110.
[9] KpV A 74.

ist, aber eben nicht – wie das Tier – darin aufgeht, sondern als transzendentales Subjekt, als Vernunftwesen, einer Vernunftmotivation fähig ist, die alle empirische Motivation prinzipiell übersteigt und eben darin *den Wert und die Würde des Menschen als Person* offenbart, sein »von der Tierheit und selbst von der ganzen Sinnenwelt unabhängiges Leben«[10].

Dabei geht es nicht darum, die Neigungsmotivation bzw. das Prinzip der Selbstliebe einfachhin abzuwerten. Die empirische Lust-Unlust-Motivation hat eine bedeutsame, wichtige Tragweite im Leben des Menschen. Es geht nicht darum, Freuden, Vergnügungen und Genüsse zu verdammen und auf die Wahrnehmung subjektiver Vorteile und Interessen zu verzichten. Auch *Kant* weiß, daß die sinnlich-empirische Motivation »ein unvermeidlicher Bestimmungsgrund« des menschlichen Begehrungsvermögens ist. »Denn die Zufriedenheit mit seinem ganzen Dasein ist nicht etwa ein ursprünglicher Besitz, und eine Seligkeit, welche ein Bewußtsein seiner unabhängigen Selbstgenügsamkeit voraussetzen würde, sondern ein durch seine endliche Natur selbst ihm aufgedrungenes Problem, weil er bedürftig ist, und dieses Bedürfnis betrifft die Materie seines Begehrungsvermögens, d. i. etwas, was sich auf ein subjektiv zum Grunde liegendes Gefühl der Lust oder Unlust bezieht, dadurch das, was es zur Zufriedenheit mit seinem Zustande bedarf, bestimmt wird.«[11] Insofern ist es richtig und naturgemäß, diese Zufriedenheit zu erstreben und den empirischen Motivationen ihren Raum im Leben zu geben. Nur entsteht eben in Handlungen, die material, subjektiv, hypothetisch und heteronom motiviert sind, keine strikt moralische Wertigkeit, so pflichtgemäß sie auch sein mögen. Ihr Wert erschöpft sich in der erreichten Lust und in der vermiedenen Unlust. In ihnen vollzieht der Mensch sein Leben als Glied der Sinnenwelt. Der höchste Wert jedoch, den sich der Mensch selbst zu geben vermag, ist der *moralische Wert,* der ihn als »zur intelligiblen Welt gehöriges Wesen«[12] ausweist. Dieser Wert jedoch kommt nur in der formalen, objektiven, kategorischen und autonomen Vernunftmotivation in Sicht und realisiert sich in einer Praxis, die aus Pflicht dieser Vernunftmotivation folgt. In den Gegensatz *des moralisch Guten und Bösen* treten die beiden Motivationstypen nur dann, wenn die Nei-

[10] A 289.
[11] A 45.
[12] GMS BA 109.

gungsmotivation nicht mehr pflichtgemäß ist, sondern in den Widerspruch zur Vernunftmotivation qua Pflicht gerät.

In seiner Religionsphilosophie präzisiert *Kant* seine Position im »rigoristischen«[13] Sinne. Demnach gibt es weder im Handeln noch in den menschlichen Charakteren »moralische Mitteldinge«[14]. Im strikt moralischen Sinne gut ist eine Handlung nur dann, wenn die Vernunftmotivation bzw. das Sittengesetz *für sich allein stark genug* ist, um uns zum pflichtgemäßen Handeln zu bestimmen. Ist dies nicht der Fall, bedarf also das pflichtgemäße Handeln außer dem Sittengesetz noch gewisser Neigungsmotive als Triebfeder, so ist dieses Handeln bereits böse. Denn in einem solchen Handeln zeigt sich, daß der Handelnde »nicht, wie es sein sollte, das Gesetz *allein,* zur *hinreichenden* Triebfeder in sich aufgenommen hat: sondern mehrenteils (vielleicht jederzeit) noch anderer Triebfedern außer derselben bedarf, um dadurch die Willkür zu dem was Pflicht fordert, zu bestimmen«[15]. Diese Vermengung oder »Umkehrung der Triebfedern«[16] ist nach *Kant* Ausdruck einer »Gebrechlichkeit«, »Unlauterkeit« und »Verderbtheit« »des menschlichen Herzens«[17].

---

[13] Die Religion innerhalb der Grenzen der bloßen Vernunft (Rel) B 9.
[14] Ebd.   [16] B 34.
[15] B 22.   [17] B 21 ff.

6. Die Autonomie des Gewissens

Worum es hier geht, wurde in der Antithese heteronom – autonom bereits umrissen. Wenn die moralische Verpflichtung wesentlich im Praktischwerden reiner Vernunft aus sich selbst besteht, *dann verpflichtet ein Imperativ nur dann im strikt moralischen Sinne, wenn er autonom in diesem Praktischwerden der Vernunft aus sich selbst entsteht.* Er verpflichtet moralisch nur auf Grund je-eigener Vernunfteinsicht. Seine Vernunftform ist Grund seiner Pflichtbewandtnis. Nur sofern im eigenen Gewissen eingesehen und begriffen wird, daß eine bestimmte praktische Maxime universalisierbar und darum objektiv notwendig ist, wird diese Maxime zum moralischen Gesetz meiner Praxis. Nur wer im eigenen Gewissen eingesehen und begriffen hat, daß z. B. die Abtreibung eine menschenunwürdige Handlung, ja ein Mord ist, erfaßt das Verbot der Abtreibung als moralisches Gesetz.

Kein dem Gewissen äußerlicher Nomos kann den Anspruch erheben, über die Moralität unserer Motivationen und Handlungen zu entscheiden. Die moralische Wertigkeit menschlicher Praxis entscheidet sich ausschließlich an dem Nomos, an dem Gesetz, das sich der Handelnde im Gewissen selbst gibt. Diese Autonomie des Gewissens besagt im Sinne der bisherigen Erörterungen keineswegs Willkür, denn es geht ja um das Praktischwerden der Vernunft in Funktion des apriorischen Sittengesetzes, das *Kant* in den diversen Formulierungen des kategorischen Imperativs auszudrücken versuchte. Entscheidend ist es, daß nur die Gewissensgemäßheit unserer Motivationen und Handlungen über deren Moralität entscheidet und niemals ein dem Gewissen äußerlicher Nomos, sei er ein staatliches Gesetz, ein kirchliches Gebot, die Anordnung eines Vorgesetzten oder was immer. Ein dem Gewissen an sich äußerlicher Nomos wird erst dadurch moralisch verbindlich, daß er vom je-eigenen Gewissen angeeignet, anerkannt, nachvollzogen und gewissermaßen internalisiert wird, also dadurch, daß seine heteronome Bewandtnis in die Autonomie des Gewissens übersetzt wird.

Diese Einsicht ist nicht neu. Schon *Aristoteles* beschäftigt sich mit diesem Thema, wenn er die Unfreiwilligkeit einer Handlung aus

Unwissenheit erörtert[1]. *Thomas von Aquin* betont, daß keine Verpflichtung, auch kein Gebot Gottes und keine Anordnung eines Vorgesetzten, im strikt moralischen Sinne verbindlich ist, wenn sie nicht in das Wissen des Gewissens, in die *scientia* der *conscientia*, aufgenommen und integriert ist[2]. *Martin Luther* sucht in seinem Römerbriefkommentar zu zeigen, daß auch das Gericht Gottes, das Jüngste Gericht, nicht anders denkbar ist als so, daß in ihm die Autonomie des Gewissens gewahrt und anerkannt wird. Er läßt im Anschluß an Röm 2,14–16 Gott als Richter sagen:»Siehe, ich spreche dir nicht das Urteil, sondern ich trete deinem eigenen Urteil über dich bei und bekräftige es; da du über dich selbst nicht anders urteilen kannst, kann ich's auch nicht. Also so wie deine Gedanken und dein Gewissen es als deine Zeugen sagen, bist du, sei es des Himmels, sei es der Hölle wert.«[3]

Auf diesem Hintergrund versteht sich der berühmte Satz *Kants* am Anfang seiner Grundlegung der Metaphysik der Sitten, es gebe nichts in der Welt, was ohne Einschränkung als gut bezeichnet werden könne, als allein ein guter Wille[4]. Ganz in diesem Sinne lehrte auch *Thomas,* der innere Willensakt *(actus interioris voluntatis)* und damit die Gesinnung sei das für die moralische Wertigkeit einer Handlung *(bonitas et malitia actus)* schlechthin Entscheidende. Dabei hängt nach *Thomas* die moralische Wertigkeit dieses inneren Willensaktes vom Objekt ab, genauer: von der moralischen Wertigkeit, in welcher die je-eigene Vernunft das Objekt vorstellt. *Thomas* zögert auch nicht, folgende überraschende Konsequenz zu ziehen: Ist jemand in seinem Gewissen überzeugt, die Unterlassung des Ehebruchs sei etwas Böses, so handelt er böse, wenn er die Ehe nicht bricht[5]. Schon *Petrus Abaelardus* hatte das Prinzip vertreten, es gebe keine Sünde außer im Widerspruch zum Gewissen *(non est peccatum nisi contra conscientiam)*[6], was ihn zu der Konsequenz führt, jene, die Christus und die Christen verfolgten, hätten schwer gesündigt, wenn sie sie gegen ihre Gewissenseinsicht geschont hätten[7]. Während allerdings die These, alles Gewissenswidrige sei böse, relativ früh verbreitete

---

[1] *Aristoteles,* Nikomachische Ethik (NE) III, 2, 1110b 18–1111a 20.
[2] *Thomas,* De veritate 17,3 und 5.
[3] *Martin Luther,* Vorlesung über den Römerbrief 1515/1516, lt.-dt. Ausg. Bd. I, Darmstadt 1960, 115.
[4] *Kant,* GMS BA 1.
[5] *Thomas,* STh I.II. 19,5.
[6] *Petrus Abaelardus,* Ethica seu Scito te ipsum, cap. 13, Migne 178, 653 B.
[7] Cap. 14, Migne 178, 657 D.

Anerkennung fand, war die These, alles Gewissensgemäße sei gut, lange umstritten[8].

Hier ist auf einen weiteren Gesichtspunkt hinzuweisen. Im Zusammenhang mit dem Aufweis der transzendentalen Differenz wurde die Unterscheidung zwischen transzendentalem und empirischem Ich eingeführt. Im Kontext der Moralitätsproblematik meint die Rede vom transzendentalen Ich das moralische Subjekt in seiner allgemeinmenschlichen Grundverfaßtheit, in der wir »alle vernünftigen Wesen, sofern sie überhaupt einen Willen, d. i. ein Vermögen haben, ihre Kausalität durch die Vorstellung von Regeln zu bestimmen«, »unangesehen aller subjektiven Verschiedenheiten«[9] denken müssen. Dazu gehört die Entscheidungsfreiheit im Zeichen des Sittengesetzes in seiner allgemeinsten Form, die *Kant* im kategorischen Imperativ ausdrückt. Nun vollzieht sich aber das Praktischwerden der praktischen Vernunft nicht im luftleeren Raum. Das transzendentale Subjekt ist kein freischwebendes Gespenst, sondern nur wirklich, sofern es leibhaftig da ist im empirischen Ich. Es geht zwar im empirischen Ich nicht auf, ist aber nur darin wirklich. Dahinter steht letztlich die ganze Leib-Seele-Geist-Problematik der philosophischen Anthropologie.

Wenn das transzendentale Subjekt nur im empirischen wirklich ist, dann bestimmt und konkretisiert sich das Praktischwerden der Vernunft aus sich selbst immer nur im Rahmen bzw. Horizont der Verfaßtheit des empirischen Ich. Wir verstehen unter dem *Motivationshorizont* eines Menschen den Inbegriff dessen, was ihn praktisch motiviert, und zwar in der Weise, wie es ihn motiviert. Der Motivationshorizont eines Menschen ist Resultat seiner Lebensgeschichte und steht insofern dynamisch in einer ständigen gesellschaftlichen und geschichtlichen Vermittlung. Jeder Mensch hat seinen je-eigenen Motivationshorizont, und kaum zwei Menschen dürften schlechthin gleiche Motivationshorizonte haben. Wenn sich also im Praktischwerden der Vernunft das allgemeine Sittengesetz auf die konkrete moralische Pflicht hin bestimmt, so vollzieht sich dieses autonome Geschehen notwendig im bestimmten, je-eigenen Motivationshorizont, also im bestimmten, gesellschaftlich und geschichtlich vermittelten Gewissen. Je kultur- und wertpluralistischer eine Gesellschaft ist, desto unterschiedlicher werden die Motivationshorizonte der Menschen

---

[8] Z. B. *Thomas*, STh I.II. 19,6, vor allem ad 1.
[9] *Kant*, KpV A 56 f.

und damit im Zusammenhang die konkreten Gewissensüberzeugungen sein, von denen her sich im Zeichen der Autonomie des Gewissens die Moralität der Motivationen und Handlungen entscheidet. Dieser Sachverhalt wurde vor allem durch die *Hermeneutik* ins Bewußtsein der neueren Philosophie gerückt. Er war jedoch schon in früheren Epochen bekannt. So zeigt etwa *Thomas von Aquin*[10], wie auf Grund »der eigentümlichen Hinordnung, die der besonderen Natur oder Vorstellungsweise folgt« (*propriam inclinationem consequentem naturam vel apprehensionem particularem), verschiedene Menschen zu verschiedenen und entgegengesetzten Überzeugungen über Gut und Böse gelangen können. Dabei setzt er diese Differenz der Gewissensüberzeugungen keineswegs auf das Konto der Erbsündigkeit, sondern er begründet sie schöpfungstheologisch: Weil Gott die Menschen so geschaffen hat, daß sie sich in dieser Weise voneinander unterscheiden, erfüllt jeder nicht nur formal, sondern auch inhaltlich den Willen Gottes, wenn er das tut, was er in seinem Gewissen (*secundem apprehensionem rationis*) für gut hält, auch wenn die Verschiedenen Verschiedenes und Entgegengesetztes für gut halten. Denn, so meint *Thomas,* wenn jemand gewissensgemäß motiviert ist, so will er stets das, was Gott will, daß er es wolle *(vult, quod Deus vult eum velle).*

Das heißt aber zugleich, daß die Moralität einer Handlung letztlich immer nur für den Handelnden selbst beurteilbar ist. Auf der Sinnebene der Moralität gilt uneingeschränkt das Schriftwort: »Richtet nicht, damit ihr nicht gerichtet werdet!« (Mt 7,1). Die Transphänomenalität des individuellen Gewissens entrückt das Handeln anderer der moralischen Beurteilung. Man sollte sich allerdings hüten, dieses Schriftwort unkritisch auf andere Sinnebenen zu übertragen, etwa auf die des Rechts.

Der konkrete, gesellschaftlich und geschichtlich vermittelte Motivationshorizont, in welchem sich das individuelle Gewissen autonom vollzieht, hat, wie sich zeigte, damit zu tun, daß das transzendentale Ich nur im empirischen wirklich ist. Wir stießen bereits auf die Frage, welche Bedeutung die *empirischen Humanwissenschaften* für die Ethik haben können. Eine wichtige Bedeutung zeigt sich hier. Es ist das legitime Anliegen der empirischen Humanwissenschaften, etwa der Psychologie, der Soziologie, der Ethologie etc., die Genese dieser Motivationshorizonte, also die Entwicklung bestimmter Verfaßthei-

---

[10] *Thomas,* STh I.II. 19,10.

ten individueller Gewissen, zu erforschen. Forschungen dieser Art können hilfreich sein für das, was man die *Gewissensbildung* nennt. Außerdem tragen sie dazu bei, daß wir uns unsere Vorverständnisse und Vorurteile, die vielfältigen lebensgeschichtlich bedingten Sedimente unseres Motivationshorizonts, bewußtmachen und sie dem Urteil der Vernunft unterwerfen, statt sie unreflektiert mit uns herumzuschleppen.

Eines muß allerdings klar sein: Das eigentliche Problem der Moralität wird dabei niemals Thema der empirischen Humanwissenschaften, denn dieses Problem liegt auf einer prinzipiell anderen Ebene. Wie immer nämlich unsere konkreten Motivationshorizonte beschaffen sein mögen, erziehungsbedingt, gesellschaftsbedingt, kulturbedingt, immer konkretisiert sich in ihnen, in welcher Weise auch immer, das Sittengesetz und stellt uns im Zeichen der Autonomie des Gewissens vor die Entscheidung zwischen Gut und Böse. Die Humanwissenschaften können bis zu einem gewissen Grade aufklären helfen, warum jemand etwas für gut und etwas für böse hält. Das mag in gewisser Hinsicht eine empirische Frage sein. Sie können aber prinzipiell nichts darüber aussagen, warum jemand das im Sinne der Autonomie des individuellen Gewissens moralisch Gute oder aber das moralisch Böse tut. Hier nämlich geht es um Selbstbestimmung aus Freiheit und nicht um etwas Empirisches.

7. Das Gewissen bei Thomas von Aquin

Die bisherigen Erörterungen standen vor allem im Rückbezug auf *Kant*. Im folgenden ist auf einige zentrale Aspekte des Gewissensbegriffs bei *Thomas* einzugehen. Drei Gründe legen diesen Rekurs nahe: Erstens ist *Thomas* ohne Zweifel einer der differenziertesten Ethiker unserer Tradition; der erste Band des zweiten Teils seiner theologischen Summe kann als das umfassendste fundamentalethische Werk überhaupt bezeichnet werden. Zweitens entwickelt *Thomas* die Systematik seiner Fundamentalethik anders und in Aneignung anderer Traditionen als *Kant;* der systematische und epochale Kontrast zeigt neue fundamentalethische Aspekte sowie Affinitäten in Grundfragen. Drittens kommt *Thomas* eminente wirkungsgeschichtliche Bedeutung zu im Hinblick auf das Problembewußtsein der katholischen Moraltheologie und der in ihr involvierten Ethik.

Die Ethik des Aquinaten steht in einem bestimmten *theologischen und metaphysischen Kontext.* Die Frage nach der Ordnung des Sittlichen und des Rechtlichen wird im Rückbezug auf die *lex aeterna* erörtert, das ewige Gesetz, womit die der gesamten Schöpfungsordnung zugrunde liegende göttliche Weisheit, der Schöpfungsplan der göttlichen Vernunft, angesprochen ist, dem das Ganze des Wirklichen unterstellt ist. Der Name *lex aeterna* verweist über vielfältige Variationen des Begriffs über *Augustinus* auf die vorchristliche Ethik der Stoiker zurück. Die Perspektive, welche mit der Rede von der *lex aeterna* eröffnet wird, stellt die menschliche Praxis als Sonderfall zielgerichteten Tätigseins in den kosmischen Gesamtraum zielgerichteter Aktivität *(agere propter finem),* da letztlich die ganze Schöpfung der *lex aeterna* Gottes unterstellt ist.

Allerdings partizipieren die Geschöpfe in unterschiedlicher Weise diese *lex aeterna,* wobei *Thomas* im Hinblick auf die menschliche Praxis zwei prinzipiell verschiedene Partizipationsweisen unterscheidet[1]: Die *erste* Partizipationsweise trifft *auf alle Kreaturen überhaupt* zu. Alle Kreaturen partizipieren die *lex aeterna* in der Weise des

---

[1] Z. B. STh I.II. 93,6.

Tätigseins und Erleidens *(per modum actionis et passionis),* sofern ihnen ein inneres Bewegungsprinzip *(interius principium motivum)* zukommt, dem spezifische natürliche Hinordnungen *(inclinationes naturales)* folgen. Jede Kreatur ist so geschaffen, daß sie auf Grund ihrer substantialen Form hingeordnet ist auf eine ihr naturgemäße Tätigkeit im Sinne der ihr naturgemäßen Ziele und Zwecke. *Thomas* illustriert diese erste Partizipationsweise durch den Instinkt der Tiere. Systemgeschichtlich steht hinter dieser Konzeption der universelle Entelechiegedanke des *Aristoteles.* Im Sinne *Kants* verbleibt eine so gefaßte Partizipationsweise im Raum der Naturkausalität.

Die *zweite* Partizipationsweise betrifft ausschließlich die vernünftige Kreatur, also – sehen wir von den Engeln ab – den Menschen. Der Mensch partizipiert die *lex aeterna* durch seine Vernunft *(per modum cognitionis).* Das bedeutet im Unterschied zur ersten Partizipationsweise folgendes: Im ersten Fall wird die *lex aeterna* so partizipiert, daß der Kreatur durch das ihr zukommende artspezifische Bewegungsprinzip »Regel und Maß« *(regula et mensura)* ihres Tätigseins vorgegeben ist. Die Kreatur ist insofern von der *lex aeterna* her »geregelt und bemessen« *(regulata et mensurata)*[2]. Ihr Tätigsein ist *actio* und *passio* auf Grund dieser artspezifisch vorgegebenen Regelung und Bemessung. Die vernünftige Kreatur jedoch geht darin nicht auf, sondern sie partizipiert die *lex aeterna* zugleich so, daß sie selbst regelt und bemißt *(regulans et mensurans)* und damit die göttliche Vorsehung partizipiert *(providentiae particeps).* Sie ist demnach nicht nur passiv einem vorgegebenen Gesetz unterworfen, sondern aktiv in die Aufgabe der Gesetzgebung gestellt, sofern sie für sich und anderes Vorsehung übt *(ipsi et aliis providens).*

Der Mensch partizipiert im Hinblick auf seine Praxis in beiden Weisen die *lex aeterna.* Auch für den Menschen gibt es eine artspezifische Bestimmung, aus deren Vorgegebenheit natürliche Hinordnungen *(inclinationes naturales)* folgen. Zugleich aber ist die menschliche Vernunft von der *lex aeterna* her ermächtigt, selbst gesetzgebend Vorsehung zu üben und eben darin die *lex aeterna* zu partizipieren.

Daraus ergeben sich Konsequenzen für den Gewissensbegriff des Aquinaten. *Thomas* übernimmt von *Aristoteles* die Unterscheidung zwischen theoretischer und praktischer Vernunft, wobei der praktischen Vernunft auch die Bedeutung von »Gewissen« zukommt. *Thomas* argumentiert folgendermaßen[3]: Wie es für die theoretische Ver-

[2] 91,2.   [3] 94,2

nunft erste, unbeweisbare, durch sich selbst und für alle einsichtige Prinzipien gibt, etwa das Prinzip vom ausgeschlossenen Widerspruch, so gibt es auch für die praktische Vernunft, also für das Gewissen, ein erstes Prinzip, von dem sie ausgehen muß und das ihren ganzen Vollzug axiomatisch bestimmt. *Thomas* nennt den Habitus dieses ersten Prinzips der praktischen Vernunft in manchen Zusammenhängen *synderesis*, in anderen *lex naturalis*. Er definiert das natürliche Gesetz *(lex naturalis)* als Partizipation des ewigen Gesetzes in der vernünftigen Kreatur *(participatio legis aeternae in rationali creatura)*[4]. Die Affinität zu *Kant* ist offenkundig. *Thomas* geht es darum, eine apriorische Verfaßtheit der praktischen Vernunft aufzuweisen, einen natürlichen Habitus, ein allgemeinmenschlich notwendiges »Faktum der Vernunft«.

Was aber gehört nach *Thomas* zu dieser apriorischen Verfaßtheit der Vernunft qua Gewissen? Stellt man diese Frage im Kontext des ganzen Lex-Traktats[5], dann geht es offensichtlich nicht nur um das formulierte Prinzip als solches, sondern zugleich auch um die allgemeinsten Regeln seiner Konkretisierung. Insofern umfaßt die apriorische Verfaßtheit des Gewissens wenigstens *drei* Momente:

(1) Zunächst das allgemeinste Prinzip der *lex naturalis* als solches. *Thomas* bringt es auf die Formel:»Das Gute ist zu tun und zu erstreben und das Böse zu unterlassen« (*bonum faciendum et prosequendum et malum vitandum*)[6]. Dieses Prinzip könnte allerdings als Tautologie interpretiert werden, wenn die Bedeutung von *bonum* bzw. *malum* nicht präzisiert wäre.

(2) Die Präzisierung lautet:»Weil aber das Gute die Bedeutung des Zieles, das Böse aber die Bedeutung des Gegenteils hat, darum erfaßt die Vernunft alles das, woraufhin der Mensch eine natürliche Hinordnung *(inclinatio naturalis)* besitzt, natürlicherweise als gut und darum in die Tat umzusetzen und dessen Gegenteil als böse und zu meiden.«[7] *Thomas* bezieht hier die eine Partizipationsweise *(per modum cognitionis)* auf die andere, allen Kreaturen gemeinsame. Die Vernunft bestimmt also in ihrer Gesetzgebung *(regulans et mensurans)* den Inhalt des Guten und des Bösen dadurch, daß sie die natürlichen Hinordnungen *(inclinationes naturales)* des Menschseins auslegt und interpretiert. Sie steht also in der Bestimmung des Guten und Bösen in einem apriorischen Theoriebezug auf das Wesen bzw. den

[4] 91,2.
[5] 90–108.
[6] 94,2.
[7] Ebd.

Begriff des Menschen und jene Ziele und Zwecke hin, die sich aus dem Begriff des Menschen ergeben. Das Gute ist demnach das dem Menschen Wesensgemäße, das Menschenwürdige, das dem Begriff des Menschen Entsprechende, das durch die Vernunft zu erfassen und zu beurteilen ist. Im Hinblick auf *Kant* ist auf zwei Dinge hinzuweisen. Einerseits rekurriert dieser apriorische Theoriebezug auf den Menschen *als Menschen,* also auf das Wesen bzw. den Begriff des Menschen. Damit ist gegenüber jeder (im Sinne *Kants*) materialen bzw. subjektiven Motivation die Universalisierung ins Spiel gebracht, also die Vernunftform als solche. Die *lex naturalis* verpflichtet nach *Thomas* formal und objektiv. Andererseits besteht eine direkte Affinität zwischen der eben dargelegten Präzisierung bei *Thomas* und dem, was *Kant* in seiner Tugendlehre mit seiner Theorie von den »Zwecken, die an sich Pflichten sind«[8] meint. Dabei ist für *Thomas* wie für *Kant* klar, daß es sich hier nicht um Zwecke handeln kann, »die der Mensch sich nach sinnlichen Antrieben seiner Natur *macht*«, sondern um »Gegenstände der freien Willkür«, welche er sich auf Grund der Menschheit in seiner Person »zum Zwecke *machen soll*«[9].

(3) Als drittes Moment der apriorischen Verfaßtheit des Gewissens bei *Thomas* kann der Grundsatz angeführt werden: »Jedes Gesetz ist auf das Gemeinwohl hingeordnet« *(omnis lex ad bonum commune ordinatur)*[10]. Nach *Thomas* gilt dieser Grundsatz für schlechthin jede Rede von Gesetz, also für das ewige ebenso wie für das natürliche, das menschliche und das göttliche. Darum gilt er auch notwendig für die *lex naturalis* als apriorischen Habitus des Gewissens. Das Gute als das dem Menschen als Menschen Gemäße und insofern Menschenwürdige impliziert apriorisch die Gemeinwohlperspektive, also das personale Wohl der Mitmenschen, sofern es Aufgabe kooperativen Handelns ist. Auch hier zeigt sich im Hinblick auf *Kant* eine wichtige Affinität. *Kant* expliziert in der »Grundlegung zur Metaphysik der Sitten«, wie der kategorische Imperativ über den Begriff des Menschen als »Zweck an sich selbst« zur Idee eines »Reiches der Zwecke«[11] führt. »Demnach muß ein jedes vernünftiges Wesen so handeln, als ob es durch seine Maximen jederzeit ein gesetzgebendes Glied im allgemeinen Reich der Zwecke wäre.«[12]

Zweifellos besagen derartige fundamentalethische Affinitäten zwischen *Thomas* und *Kant* keineswegs differenzlose Übereinstim-

---

[8] *Kant,* MST A 7–13.
[9] A 12.
[10] *Thomas,* STh I.II. 90,2.
[11] *Kant,* GMS BA 74ff.
[12] BA 83

mung. Die genauere Erörterung würde durchaus auch auf gewichtige Unterschiede stoßen. Allerdings hat man diese Unterschiede oft überbewertet. Der Hinweis auf die genannten Affinitäten sollte andeuten, daß es bei beiden Denkern in den genannten fundamentalethischen Fragen durchaus auch bemerkenswerte konvergierende Tendenzen gibt[13].

Überblickt man die drei Aspekte der apriorischen Verfaßtheit des Gewissens bei *Thomas,* so wird deutlich, daß die Konkretisierung der *lex naturalis* so gefaßt wird, daß sie *in der Vernunft* erfolgt. Es ist nicht das Sein an sich bzw. die *natura humana* als solche, die sich aus purer Vorgegebenheit in die konkreten Verpflichtungen auslegen. Im Prolog seines Kommentars zur Nikomachischen Ethik des *Aristoteles* betont *Thomas,* daß die Vernunft im Bereich des Ethischen ihren Gegenstand nicht vorgegeben hat, wie das seiner Auffassung nach im Bereich der Physik der Fall ist, sondern sie müsse ihren Gegenstand, die sittliche Ordnung, im Hinsehen, im Betrachten hervorbringen und erzeugen *(considerando facere)*[14]. Und in diesem Hervorbringen der sittlichen Ordnung partizipiert die Vernunft gesetzgebend *(regulans et mensurans)* die *lex aeterna* in menschlicher Weise.

An anderer Stelle[15] verdeutlicht *Thomas,* wie er sich diese Konkretisierung näherhin vorstellt. Wir beurteilen konkrete Fragen moralisch relevanter Praxis, indem die praktische Vernunft qua Gewissen drei Faktoren auf die konkrete Handlung in bestimmter Situation bezieht: *synderesis, sapientia* und *scientia.* Mit *synderesis* ist der Habitus der *lex naturalis,* des Sittengesetzes in seiner allgemeinsten Form, gemeint. Mit *sapientia* (Weisheit) ist das gemeint, was heute etwa als die weltanschauliche Entworfenheit eines Menschen bezeichnet werden könnte. Und *scientia* (wörtlich: Wissenschaft) meint den Inbegriff dessen, was wir an Erfahrungswissen hinsichtlich der Umstände und der Situation haben, in deren Konkretheit zu handeln ist. Das allgemeinmenschliche Sittengesetz im Sinne der apriorischen Verfaßtheit des Gewissens konkretisiert sich also über die jeeigene weltanschauliche Entworfenheit und über das je-verfügbare Erfahrungswissen auf die bestimmte Handlung in bestimmter Situation hin. Im Anschluß an frühere Überlegungen können wir *sapientia*

---

[13] Vgl. dazu: *Karl-Wilhelm Merks,* Theologische Grundlegung der sittlichen Autonomie. Strukturmomente eines »autonomen« Normbegründungsverständnisses im lex-Traktat der Summa theologiae des Thomas von Aquin, Düsseldorf 1978.

[14] *Thomas,* In decem libros eticorum Aristotelis ad Nicomachum I, 1, 2.

[15] De veritate 17, 1.

und *scientia* als zwei Seiten dessen fassen, was wir den Motivationshorizont des Gewissens nannten.

Die Ethik des *Thomas* steht in einem bestimmten theologischen Kontext. Dennoch hängt seine fundamentalethische Position nicht von bestimmten theologischen Voraussetzungen ab. Sie ist auch dann konsistent, wenn man den theologischen Kontext einklammert. So etwa ist die apriorische Verfaßtheit des Gewissens für *Thomas* eine Tatsache, ganz unabhängig davon, ob die Unbedingtheit des Sittengesetzes *(lex naturalis)* theologisch als Partizipation des ewigen Gesetzes verstanden und erklärt wird oder nicht. Auch hier gibt es eine Affinität zu *Kant.* Bei *Kant* ist das Postulat des Daseins Gottes nicht Voraussetzung der Moralität, sondern lediglich Bedingung der Möglichkeit, Moralität vernünftig zu denken.

8. Das irrende Gewissen

Das Problem des irrenden Gewissens läßt sich in gewisser Hinsicht bis auf *Aristoteles*[1] zurückverfolgen. Wir berührten die Thematik bereits im Zusammenhang mit der Autonomie des Gewissens. Die Fragen, die sich in diesem Zusammenhang ergeben, leiten über zur Unterscheidung von Moralität und Sittlichkeit.

Wir gehen von folgendem Beispiel aus: Ein junger Mann gelangt zu der Überzeugung, die Gesellschaft, in der er lebt, sei so völlig abartig und schlecht, daß es geboten sei, sie mit Gewalt zu bekämpfen. Auf Grund dieser Überzeugung fühlt er sich verpflichtet, Repräsentanten dieser Gesellschaft durch Akte des Terrors zu töten. Der Terrorist riskiert dabei Freiheit und Leben, folgt jedoch seiner Gewissensüberzeugung. Die Öffentlichkeit teilt jedoch seine Überzeugung nicht und verurteilt die Terrorakte als rechtlich kriminelle und sittlich verabscheuungswürdige und böse Handlungen. Wie ist die Handlungsweise des Terroristen ethisch zu beurteilen?

Treffen die bisherigen Erörterungen zu, so ist folgendes zu sagen: Die moralische Wertigkeit einer Handlung hängt ausschließlich vom Gewissen des Handelnden ab. Ist also der Terrorist nach bestem Wissen und Gewissen der Überzeugung, er sei verpflichtet, durch Terrorakte zu töten, so kann man seiner Handlungsweise nicht die Moralität absprechen. Er handelt als »Gesinnungstäter«, und die moralische Wertigkeit seines Handelns hängt, wie sich zeigte, von der Gewissensgemäßheit seiner Gesinnung ab. Dennoch fällt es schwer zu sagen, er habe moralisch gehandelt, als er den Bankier tötete. Die klassische Moraltheologie würde sagen: Er mag zwar gewissensgemäß gehandelt haben, *aber er hatte ein irrendes Gewissen.*

Kant lehrt, »daß [...] ein irrendes Gewissen ein Unding sei«. Die Begründung und Differenzierung dieser Aussage schließt an die bisherigen Erörterungen an: »Denn in dem objektiven Urteile, ob etwas Pflicht sei oder nicht, kann man wohl bisweilen irren; aber im subjektiven, ob ich es mit meiner praktischen (hier richtenden) Vernunft

---

[1] *Aristoteles*, NE III, 2, 1110b 18–1111a 20.

zum Behuf jenes Urteils verglichen habe, kann ich nicht irren, weil ich alsdann praktisch gar nicht geurteilt haben würde [...].«[2] Wenn der Begriff der Moralität wesentlich auf den des autonomen Gewissens verweist, dann ist das subjektive Urteil der je-eigenen praktischen Vernunft gewissermaßen absolut, da es unfehlbar»richtet«. Es ist per definitionem das für die moralische Gesinnung bzw. für den guten oder bösen Willen relevante Urteil, das, wenn es um Moralität im strikten Sinne geht, keinen ihm äußerlichen Nomos als Maßstab hat. So gesehen *kann kein Gewissen in der Moralitätsbewandtnis als solcher irren.* Wollte man das bezweifeln, müßte man die Moralitätsbewandtnis überhaupt von Gewissen und Gesinnung abkoppeln. Damit aber wäre Moralität als eigenständige Sinnebene menschlicher Praxis völlig destruiert. An ihre Stelle träte eine bloß äußerliche Beurteilung der Praxis. Man könnte guten Willens und Gewissens böse, bösen Willens und schlechten Gewissens gut handeln und wüßte dabei gar nicht, ob man gut oder böse handelt.

Allerdings wurde die Rede vom irrenden Gewissen oft in der Weise verstanden, die *Kant* ausdrücklich einräumt, wenn er sagt, man könne»in dem objektiven Urteile, ob etwas Pflicht sei oder nicht«, »wohl bisweilen irren«. Der Irrtum der Gewissensentscheidung ist in diesem Falle aber gerade *nicht moralisch relevant.* Er besteht lediglich darin, daß das Gewissensurteil von einem Maßstab abweicht, der zwar verbreitet anerkannt ist und gilt, der aber nicht der Maßstab dieses Gewissens ist, entweder weil es ihn nicht kennt, oder weil es ihn zwar kennt, aber nicht anerkennt. Wir erinnern uns an die drei Faktoren, auf Grund deren das Gewissen nach *Thomas* die konkrete Handlung beurteilt: *synderesis, sapientia* und *scientia.* Was die *synderesis,* also das Sittengesetz im Sinne der apriorischen Verfaßtheit des Gewissens betrifft, so ist ein derartiger Irrtum in sich unmöglich. Nach *Thomas* kann die *synderesis* niemals verlöschen *(nunquam extinguitur)*[3]. Sie ist natürlicher Habitus und insofern allgemeinmenschlich konstitutiv für die Verfaßtheit der praktischen Vernunft. Auch nach *Kant* ist Gewissenlosigkeit»nicht Mangel des Gewissens, sondern Hang, sich an dessen Urteil nicht zu kehren«[4]. Die zweite der nach *Thomas* relevanten Größen ist die *sapientia,* die wir im Sinne weltanschaulicher Grundorientierung und Entworfenheit interpretierten. Hier sind nun freilich vielerlei Maßstäbe denkbar, die verbrei-

---

[2] *Kant,* MST A 38.
[3] *Thomas,* De veritate 16, 3.

[4] *Kant,* MST A 38.

45

tet in Geltung und Anerkennung stehen, von denen jedoch das individuelle Gewissen abweichen kann. Man denke etwa an das in einer Gesellschaft weithin anerkannte Ethos, etwa das Menschenrechtsethos, das Ethos des Grundgesetzes, das christliche Ethos der Kirche. Vom erreichten Niveau eines solchen Ethos aus könnte man in der Tat sagen: Der Terrorist unterbietet in seiner Gewissensüberzeugung dieses Ethos, und im Vergleich zu diesem Ethos als Maßstab ist sein Urteil, man müsse durch Terrorakte töten, falsch und irrig. Aber dieses Ethos, das er zweifellos kennt, jedoch in seinem Gewissen nicht als Maßstab anerkennt, fungiert für ihn als ein bloß äußerlicher Nomos. Der so verstandene Gewissensirrtum erweist seine Handlung zwar als ethoswidrig bzw. in diesem Sinne als sittenwidrig und unsittlich, jedoch nicht als unmoralisch im Sinne der strikten Moralitätsbewandtnis. – Erst recht gibt es die Möglichkeit des Irrtums, wenn wir an den dritten Faktor denken, die *scientia,* die wir als Inbegriff des Erfahrungswissens interpretierten. Auch hier gibt es einen Maßstab, nämlich den heutigen intersubjektiven Wissensstand. In der Beurteilung von Handlungen und Situationen geht es ständig um Elemente des Erfahrungswissens und jeder geriet schon in die Lage, etwa nachträglich zu entdecken, daß er zwar nach bestem Wissen und Gewissen geurteilt und gehandelt hat, aber aus Unkenntnis dieses oder jenes Umstandes zu einem falschen Urteil über die Handlung bzw. die Situation gelangte. Auch in diesem Sinne kann von einem irrigen Gewissensurteil die Rede sein. Doch auch hier ist der Irrtum nicht im strikten Sinn moralisch relevant.

Insofern kann also sehr wohl vom irrenden Gewissen die Rede sein. Dabei muß freilich klar sein, daß es in strikt moralischer Hinsicht kein irrendes Gewissen gibt. Die moralische Wertigkeit einer Handlung ist definiert durch ihre Gewissensgemäßheit und durch nichts anderes. In moralischer Hinsicht ist das je-eigene Gewissen immer der absolute Maßstab, der niemals irren kann, und wer im Widerspruch zu diesem Maßstab handelt, handelt moralisch böse. Soll also vom irrenden Gewissen sinnvollerweise die Rede sein, dann nur in einer außermoralischen Hinsicht.

Nach *Aristoteles* kann eine Handlung aus Unwissenheit ebenso den Charakter der Unfreiwilligkeit erhalten wie im Falle des äußeren Zwanges[5]. Das ist aber nur der Fall, wenn es sich dabei um eine

[5] *Aristoteles,* NE III, 3, 1111a 22.

Unwissenheit handelt, die nicht frei gewollt ist[6]. Die frei gewollte (aus Bosheit oder Fahrlässigkeit herbeigeführte) Unwissenheit (bei *Thomas: ignorantia directe vel indirecte volita*[7]) bewirkt keine Unfreiwilligkeit der Handlung und entschuldigt darum moralisch nicht. Dabei vertritt *Aristoteles* die Auffassung, eine nicht frei gewollte und darum entschuldbare Unwissenheit könne es prinzipiell nur geben hinsichtlich bestimmter Handlungsumstände, also im Raum dessen, was wir im Anschluß an *Thomas* mit *scientia* charakterisierten, nicht jedoch im Raum dessen, was mit *sapientia* angesprochen wurde. Die »Unkenntnis der allgemeinen sittlichen Vorschriften« bewirkt also nach *Aristoteles* niemals entschuldbare Unfreiwilligkeit, »denn gerade ihretwegen erfährt man Tadel«[8], »und eben dieser Mangel ist es, durch den der Mensch ungerecht und überhaupt schlecht wird«[9], sondern ausschließlich »die Unkenntnis des Einzelnen, in dem und um das sich das Handeln bewegt«[10]. Kriterium der Unfreiwilligkeit aus Unwissenheit sind Schmerz, Reue und Mißfallen bezüglich der Handlung, wenn die Unwissenheit bezüglich des Handlungsumstandes beseitigt ist[11]. Auch *Thomas* ist der Auffassung, die Unkenntnis allgemeiner sittlicher Normen *(ignorantia universalium iuris)* bewirke keine Unfreiwilligkeit schlechthin *(simpliciter involuntarium)*, da sie immer irgendwie aus Fahrlässigkeit resultiere *(quasi per negligentiam proveniens);* denn es handle sich um etwas, was man wissen könne und zu wissen verpflichtet sei *(quod quis potest scire et debet).* Er nimmt allerdings – vorsichtiger als *Aristoteles* – die Möglichkeit einer bedingten Unfreiwilligkeit *(secundum quid involuntarium)* dann an, wenn die Handlung bei Wissen um die betreffende Norm nicht erfolgt wäre[12].

Es fällt auf, daß *Thomas,* der in vielen Zusammenhängen eindrucksvoll und in hervorragender Präzision die Autonomie des Gewissens und den eigenständigen Sinn der Moralität herausarbeitet, ja in gewisser Hinsicht die Position *Kants* vorwegnimmt, hinsichtlich des irrenden Gewissens an einigen Stellen eine Auffassung vertritt, die in einem merkwürdigen Kontrast zu seiner sonstigen fundamentalethischen Theorie steht. So etwa lehrt er, daß die von unfreiwilliger (also entschuldbarer) Unwissenheit bestimmte gewissensgemäße Handlung zwar nicht moralisch böse, aber auch nicht moralisch gut

---

[6] 2, 1110b 32.
[7] *Thomas,* STh I.II. 19,6, vgl. I.II. 6,8.
[8] *Aristoteles,* NE III, 2, 1110b 34.
[9] 1110b 29.
[10] 1111a 1.
[11] 1110b 18–23.
[12] *Thomas,* STh I.II. 6,8.

sei, denn die Unwissenheit bewirke eine Unfreiwilligkeit, durch welche die Moralitätsbewandtnis der Handlung überhaupt beseitigt sei *(ignorantia quae causat involuntariam, tollit rationem boni et mali moralis)*[13]. Damit hängt folgende Auffassung zusammen:»Dafür, daß man etwas böse nennt, genügt es, daß das, auf das sich der Wille richtet, entweder seiner Natur nach böse ist oder als Böses vorgestellt wird. Dafür aber, daß etwas gut ist, ist es erforderlich, daß es in jeder von beiden Hinsichten gut ist.«[14] Diese Auffassung kontrastiert offenkundig mit der des vorausgehenden Artikels. Dort wird äußerst präzise dargelegt, das Objekt, von dem die moralische Wertigkeit des Willens abhänge, sei nicht das Objekt»seiner Natur nach« *(secundum sui naturam)* oder»an sich« *(per se)*, sondern ausschließlich»sofern es akzidentell von der Vernunft vorgestellt wird«. Auf Grund der Vorstellung der Vernunft bzw. des Gewissens *(propter apprehensionem rationis)* sei es aber möglich, daß an sich Indifferentes akzidentell die Bedeutung des Guten oder des Bösen, an sich Gutes die des Bösen und an sich Böses die des Guten annimmt. Dabei ergibt sich die moralische Wertigkeit des Willens aus der Bedeutung, in welcher das Gewissen das Objekt vorstellt.»Darum ist ein Wille böse, weil er das Böse will, freilich nicht, sofern es an sich böse ist, sondern sofern es akzidentell auf Grund der Vorstellung der Vernunft böse ist.«[15] In diesem Text wird die Moralität konsequent und ausschließlich von der Gewissensgemäßheit her bestimmt, während die zitierten Stellen des unmittelbar folgenden Artikels mit gewissensfremden Bestimmungsgründen der moralischen Wertigkeit argumentieren.

Im Zusammenhang mit dem Problem des irrenden Gewissens wurde immer – auch im Raum der katholischen Moraltheologie – versucht, den Abgrund des autonomen Gewissens einzuebnen. Es ist zweifellos einfacher, dem Terroristen undifferenziert alle Moralität abzusprechen, als selbst noch in der extrem ethoswidrigen Handlungsweise die moralische Tragweite der Gesinnung achten zu müssen. So tendierte man entweder dazu, die apriorische Verfaßtheit des Gewissens inhaltlich aufzuschwemmen, so daß behauptet werden kann, jeder erfasse (abgesehen von den empirischen Handlungsumständen) ohnehin fast alles apriorisch, oder man ging daran, die Moralitätsbewandtnis zu verrechtlichen, was sich etwa in der Anwendung des Begriffs der Fahrlässigkeit *(negligentia)* zeigte. Zweifellos

[13] I.II. 19,6.
[14] 19,6 ad 1.
[15] 19,5.

gibt es eine moralisch relevante Fahrlässigkeit. Ihre moralische Beurteilung sowie die moralische Beurteilung der durch sie beeinflußten Handlung entziehen sich jedoch allen gewissensfremden, die Moralitätsbewandtnis verrechtlichenden Maßstäben. Sie fallen in das je-eigene Gewissen zurück und sind nur dort zu vollziehen. Dabei ist allerdings zu bedenken, daß sich die Problematik des irrenden Gewissens in sittlich eher homogenen Gesellschaften anders stellt als dort, wo ein ausgeprägter Wertpluralismus vorherrscht.

9. Moralität und Sittlichkeit

Das Problem des irrenden Gewissens zeigte, daß Moralität im Sinne subjektiver Gewissensgemäßheit nicht der einzige Gesichtspunkt ist, mit dem es die Ethik zu tun hat. Das Gewissen in seiner je-eigenen Moralitätsbewandtnis sieht sich vielmehr der Frage nach dem *sittlich Richtigen* konfrontiert, nach *Normen,* die über die subjektive Gewissensbewandtnis hinaus Anerkennung und Geltung beanspruchen können. In der Tat ging es der Ethik nie bloß darum, den eigenständigen Sinn der Moralität aufzuweisen, so wichtig und grundlegend dieser Aufweis auch ist. Die Ethik war stets auch bestrebt, den an sich richtigen Inhalt des Sittlichen so zu bestimmen und zu begründen, daß er die Bedeutung gesellschaftlich anerkannter und geltender Normativität erlangt. Die Differenz zwischen dem an sich Guten *(bonum per se)* und dem Guten in der Vorstellung des (subjektiven) Gewissens *(bonum in apprehensione rationis)* bei *Thomas,* zwischen dem objektiven und dem subjektiven Urteil,»ob etwas Pflicht sei«, bei *Kant* und zwischen gesellschaftlichem Ethos und je-eigenem Gewissen deutete diese Fragestellung bereits an.

Zu den wichtigsten Versuchen, das damit angesprochene Problem auf den Begriff zu bringen, gehört der von G. W. F. *Hegel,* der in seinen»Grundlinien der Philosophie des Rechts« Moralität und Sittlichkeit unterschied und in einen systematischen Zusammenhang brachte. Nach *Hegel* ist die (von *Kant* in klassisch gewordener Weise präzisierte) Sinnebene der Moralität im Sinne der strikt subjektiven Gewissensgemäßheit eine zwar notwendige und unabweisbare Sinnebene menschlicher Praxis. Sie erweist sich jedoch, für sich genommen, als abstrakt und ist in sich selbst darauf angelegt, in die Sinnebene der Sittlichkeit überzugehen, wo die subjektive Gewissensgemäßheit mit dem versöhnt ist, was an sich als richtig anerkannt ist und gilt.

Man könnte fragen, warum denn dieser Übergang von Moralität in Sittlichkeit erforderlich sei. In gewisser Hinsicht, so scheint es, ist sich das Gewissen doch selbst genug. Auf Grund seiner Autonomie bedarf es keines ihm äußerlichen Nomos. Sein Standpunkt ist insofern ein absoluter Standpunkt, als sich ausschließlich von ihm aus die moralische Wertigkeit des Handelns bestimmen läßt. Das Gewissen ist nicht erst durch seine Übereinstimmung mit einer »an sich« geltenden Normativität, sondern in sich und für sich »ein Heiligtum, welches anzutasten *Frevel* wäre«[1]. Wenn *Hegel* in seiner Kritik an *Kant* den eigenständigen Sinn der Moralität und des subjektiven Gewissens in Frage stellt und abwertet, so wird ihm die Ethik darin zweifellos nicht folgen können. In der Bestimmung der schlechthin grundlegenden Bewandtnis von Moralität und Gewissen ist es zu vermeiden, hinter *Kant* zurückzufallen. Der von *Hegel* geforderte Übergang von Moralität in Sittlichkeit läßt sich jedoch auch so fassen, daß die Grundintention *Hegels* die Position *Kants* nicht in Frage stellt, sondern weiterbestimmt. Der Grund, welcher den Übergang von Moralität in Sittlichkeit als unabweisbar erscheinen läßt, kann in *zwei Aspekten* charakterisiert werden:

(1) *Der Vernunftaspekt.* Auf Grund des *Vernunftcharakters des Gewissens* ergibt sich notwendig folgende Sachlage: Gelange ich zu einer bestimmten Gewissensüberzeugung, so bin ich darin zugleich überzeugt, daß diese Gewissensüberzeugung vernünftig bzw. aus Vernunftgründen gerechtfertigt ist. Nach *Kant* geht es um die vernünftige Einsicht in eine objektive Notwendigkeit, und was in dieser Gewissensüberzeugung in moralischer Relevanz motiviert, ist genau die Vernunftform als solche. Das heißt aber: Im Grunde erhebe ich in jeder Gewissensüberzeugung einen *Wahrheitsanspruch,* von dem ich meine, er sei in vernünftiger Argumentation einlösbar. Ich bin also in jeder Gewissensüberzeugung überzeugt, daß das, was ich für gut und richtig halte, *auch an sich gut und richtig ist* und eigentlich von jedem vernünftigen Wesen als gut und richtig eingesehen werden müßte. Mit Recht weist *Hegel* auf die in dieser Sachlage enthaltene Spannung hin: Einerseits steht das Gewissen in dem Anspruch, »das, was *an und für sich* gut ist, zu wollen«; andererseits ist es jedoch bloß die »formelle Gewißheit seiner selbst«, »die Gewißheit *dieses* Subjekts«. Seine »Berufung nur *auf sein Selbst* ist unmittelbar dem entgegen, was es sein will, die Regel einer vernünftigen, an und für sich gültigen allgemeinen Handlungsweise«[2].

Bin ich beispielsweise in meinem Gewissen der Überzeugung, daß Abtreibung Mord ist, so meine ich, daß Abtreibung objektiv, an und

---

[1] *Georg Wilhelm Friedrich Hegel,* Grundlinien der Philosophie des Rechts § 137.
[2] Ebd.

für sich Mord ist, und ich bin bereit, dafür Vernunftgründe geltend zu machen, etwa daß menschliches Leben ebenso mit der Zeugung beginnt, wie es mit dem Tod endet. Im Grunde ist es unsinnig zu sagen: Das trifft nur für mich zu, Abtreibung ist nur für mich Mord, das ist lediglich meine subjektiv relevante Meinung. Vielmehr erhebe ich auf Grund meiner Gewissensüberzeugung einen objektiven Wahrheitsanspruch. Ich bin überzeugt, daß das, was ich in meinem Gewissen für gut und richtig halte, zugleich das an sich Gute und Verpflichtende, also wahr und richtig ist. In unserer subjektiven Gewissensüberzeugung meinen wir, das objektiv und an sich richtige Gute, das wahre Gute, erfaßt und erkannt zu haben. Auch der Terrorist meint, wenn er Gesinnungstäter ist, eigentlich müsse jeder so handeln wie er. Wir intendieren in unseren Gewissensüberzeugungen nichts bloß Subjektives, sondern wir intendieren notwendigerweise allgemeingültige, objektive, sittliche Wahrheit. Dem Anspruch unserer Überzeugung nach haben wir den Standpunkt der bloß subjektiven Meinung immer schon überstiegen. Und dennoch wissen wir, daß diese Überzeugung »lediglich« die Überzeugung *dieses* Subjekts, meines subjektiven Gewissens ist.

Darum ist uns auch die *Gewissensüberzeugung anderer Menschen* nie einfachhin gleichgültig. Die der unseren widersprechende Überzeugung der anderen wird leicht zum Pfahl im Fleisch der eigenen Überzeugung. Angesichts dieses Widerspruchs bieten sich *zwei Möglichkeiten* an: Die *eine* besteht darin, daß der Widerspruch nicht abgearbeitet wird, sondern daß man der Auseinandersetzung aus dem Weg geht bzw. vor ihr resigniert. Die Überzeugung kapselt sich im Schneckenhaus des subjektiven Gewissens ein und wählt so »die Richtung, *nach innen* in sich zu suchen und aus sich zu wissen und zu bestimmen, was recht und gut ist«. Am Paradigma des *Sokrates* rechtfertigt *Hegel* diese erste Möglichkeit, allerdings nur für »Epochen, wo das, was als das Rechte und Gute in der Wirklichkeit und Sitte gilt, den besseren Willen nicht befriedigen kann«[3]. Was jedoch in Zeiten, »wo die Wirklichkeit eine hohle geist- und haltungslose Existenz ist«[4], gerechtfertigt erscheinen mag, kann nicht als grundsätzliche Haltung akzeptiert werden. *Hegel* sucht zu zeigen, daß die Subjektivität, die an ihrer Besonderheit festhält und auf ihr »stehenbleibt«, statt sie aufzuheben, »*die Schuld des Bösen*« hat[5]. Die *andere Möglichkeit*

[3] § 138.
[4] § 138 Zusatz.
[5] § 139.

besteht darin, den Widerspruch in der Auseinandersetzung, im Diskurs abzuarbeiten mit dem Ziel, von den einander widersprechenden Gewissensüberzeugungen zu gemeinsam anerkannter Normativität bzw. vom Standpunkt der Moralität zu dem der Sittlichkeit überzugehen, zur »Einheit des Willens in seinem Begriffe und des Willens des Einzelnen«[6]. Dieses Ziel kann unerreichbar bleiben, und diese Möglichkeit kann sich als ungangbar erweisen. Die Forderung jedoch, im Sinne dieser zweiten Möglichkeit die Besonderheit des je-eigenen Gewissens und seiner Überzeugungen angesichts der Überzeugung anderer in Frage zu stellen, zu überprüfen, zu relativieren und in den Diskurs zu bringen, scheint sich in gewisser Hinsicht apriorisch aus dem Begriff des Gewissens bzw. der Moralität selbst zu ergeben. Es ist die Forderung der *Gewissensbildung* auf das hin, was alltagssprachlich »das beste Wissen und Gewissen« heißt. Allerdings zeigte das Problem der Fahrlässigkeit im Zusammenhang mit dem irrenden Gewissen, daß die Tragweite dieser Forderung moralisch immer nur als Gewissensfrage verstanden werden kann.

Ähnliches gilt auch hinsichtlich der Spannung zwischen individuellem Gewissen und *gemeinsamem Ethos*. In der Regel wächst der Mensch in ein (durch Familie, Milieu, Schule etc.) bestimmtes Ethos hinein und internalisiert zunächst problemlos dessen Normen. Gelangt er zum Gebrauch der Vernunft (Pubertät), so entdeckt er die Differenz zwischen vorgegebenem Ethos und eigenem Gewissen. Auch hier gibt es die Möglichkeit, sich bis zur »Raserei der Negation« *(Hegel)* gegenüber dem Ethos »nur auf sein Selbst« zu berufen, die Richtung nach innen zu wählen und an der Besonderheit der eigenen Subjektivität festzuhalten. Der reife Mensch jedoch wird in der Regel in eine konstruktive Auseinandersetzung mit dem vorgegebenen Ethos treten und zu einer Synthese von Spannung und Anerkennung gelangen. Von diesem Vorgang ist jedoch auch das Ethos selbst betroffen. Denn das anerkannte, geltende Ethos ist – zumindest heute – keine starre, unbewegliche Größe, sondern es vollzieht sich in einer sich gesellschaftlich und geschichtlich vermittelnden *Dynamik,* die permanent dadurch in Bewegung gehalten wird, daß sich im Medium der Öffentlichkeit Gewissen mit vorgegebenem Ethos auseinandersetzen und es in immer neuen Synthesen von Spannung und Anerkennung modifizieren. Bisher anerkannte Geltungen können ihre Selbstverständlichkeit verlieren, werden in Frage gestellt und verändern

[6] § 33 Zusatz.

sich, während neue Normen Bedeutung und Anerkennung erlangen. So etwa verloren Rollenfixierungen von Mann und Frau, die vor wenigen Jahrzehnten noch in sittlich-normativer Geltung waren, weitgehend ihre sittliche Verbindlichkeit, während sich beispielsweise ein ökologisches Ethos entwickelte, das vor wenigen Jahrzehnten noch kaum eine Rolle spielte. Wolfgang *Kluxen* spricht insofern von einer *Ethik des Ethos*[7], welche vorgegebenes Ethos immer neu der ethischen Kritik unterzieht, wodurch das Ethos selbst in seiner Dynamik lebendig, tragfähig und zeitgemäß bleiben soll, denn ohne diese Läuterung gerät es in eine Starrheit, in welcher es letztlich bedeutungslos wird, da es den Vernunftcharakter der Gewissen nicht mehr befriedigen kann. Allerdings stellt sich die Aufgabe einer Ethik des Ethos je verschieden in den verschiedenen gesellschaftlichen Bezügen und institutionellen Kontexten.

Dabei ist eine Einschränkung angebracht. Nicht alle sittlichen Inhalte lassen sich in gleicher Weise vernünftig-diskursiv begründen. Viele lassen nur eine alternative Begründung zu. So etwa läßt sich wohl begründen, daß wir hilfsbereit sein sollen. Hilfsbereitschaft eröffnet jedoch einen breiten Raum alternativer Möglichkeiten, wobei die Präferenz der einen gegenüber der anderen nur selten rational eindeutig bestimmt werden kann. Ebenso läßt sich eindeutig begründen, daß wir uns um die »Kultur unseres Vermögens« *(Kant)* bemühen, also bilden sollen. Wie aber angesichts der vielfältigen Möglichkeiten diese allgemeine sittliche Pflicht zu konkretisieren ist, entzieht sich weitgehend der rationalen Begründung. Mit Recht spricht man von einer Pflicht des Menschen zur Arbeit, aber auch hier lassen die Möglichkeiten und Berufe sehr unterschiedliche Entscheidungen zu. In derartigen Fällen führt die vernünftige Überlegung zu mehreren alternativen Konkretisierungsmöglichkeiten, zwischen denen meist nicht rational entschieden werden kann. Allerdings liegen diese alternativen Möglichkeiten auf einer rational aufweisbaren Ebene, und auch ihre rationale Unentscheidbarkeit läßt sich vernünftig begründen. Nikolai *Hartmann*[8] suchte zu zeigen, daß sich sogar die ethischen Grundwerte als solche alternativ abschatten. Das Gute als Objekt des moralischen Willens läßt sich interpretieren als das Edle, als das Reine oder aber als die Fülle, wobei sich die Bedeutung des Guten in jeder dieser Varianten je unterschiedlich akzentuiert. Auch

---

[7] *Wolfgang Kluxen,* Ethik des Ethos, Freiburg – München 1974.
[8] *Nikolai Hartmann,* Ethik, Berlin [4]1962, Teil II, Abschnitt IV: Die sittlichen Grundwerte.

hier, so meint *Hartmann*, entzieht sich die Entscheidung für diese oder jene Akzentuierung der sittlich-normativen bzw. der vernünftig-diskursiven Reglementierung. Insofern ist festzuhalten, daß der Vernunftcharakter des Gewissens und des ethischen Diskurses nicht nur darauf angelegt ist, Pflichtinhalte zu bestimmen, zu fixieren und zu begründen, sondern auch darauf, Horizonte alternativer Möglichkeiten aufzuweisen und zu eröffnen.

(2) *Der Gesellschaftsaspekt.* Im Anschluß an *Hegel* läßt sich ein weiterer Grund dafür angeben, warum der Standpunkt der Moralität als der Standpunkt der bloß subjektiven Gewissensgemäßheit für sich allein genommen abstrakt bleibt. *Hegels* Rechtsphilosophie ist der Versuch, das System der Bedingungen *konkreter Freiheit* zu leisten. Der letzte Sinn sowohl allen Rechts als auch aller Moralität ist »die Wirklichkeit der konkreten Freiheit«, die darin besteht, »daß die persönliche Einzelheit und deren besondere Interessen sowohl ihre vollständige *Entwicklung* und die *Anerkennung ihres Rechts* für sich (im Systeme der Familie und der bürgerlichen Gesellschaft) haben, als sie durch sich selbst in das Interesse des Allgemeinen teils *übergehen*, teils mit Wissen und Willen dasselbe und zwar als ihren eigenen *substantiellen Geist* anerkennen und für dasselbe als ihren *Endzweck tätig* sind, so daß weder das Allgemeine ohne das besondere Interesse, Wissen und Wollen gelte und vollbracht werde, noch daß die Individuen bloß für das letztere als Privatpersonen leben und nicht zugleich in und für das Allgemeine wollen und eine dieses Zweckes bewußte Wirksamkeit haben«[9]. Auch wenn man sich darüber im klaren ist, daß *Hegels* Theorie vom Staat als der »sittlichen Idee« und der »Wirklichkeit der konkreten Freiheit« [auch] vielfältige Übertreibungen und Schwächen enthält, [so] drückt doch die zitierte Bestimmung der konkreten Freiheit ein Grundmotiv europäischer praktischer Philosophie seit *Platon* aus. Im Begriff der konkreten Freiheit rekonstruiert *Hegel* auf dem Hintergrund neuzeitlicher Freiheitsgeschichte den Gemeinwohlbegriff der von *Aristoteles* und *Thomas* bestimmten Tradition. Der im Zusammenhang unserer Fragestellung entscheidende Gedanke ist folgender: Nur sofern die Einzelpersonen das Interesse des Allgemeinen als ihren eigenen substantiellen Geist anerkennen, ist ihre vollständige Entwicklung in Familie und Gesellschaft sowie letztlich im Staat möglich. Das heißt aber zugleich: *Nur auf der Basis gemeinsam anerkannter sittlicher Normativität können die Institutio-*

---

[9] *Hegel*, Rechtsphilosophie § 260.

nen menschlicher Vergesellschaftung human lebbare Gestalten konkreter Freiheit sein. Ohne ein Mindestmaß sittlicher Substantialität kann keine Form menschlicher Vergesellschaftung ihre Aufgabe in sich selbst und im Ganzen konkreter Freiheit verwirklichen. Darum hängt die Wirklichkeit der konkreten Freiheit permanent davon ab, ob der Übergang von Moralität in Sittlichkeit im nötigen Ausmaß funktioniert.

So etwa ist es Bedingung für das Gelingen von *Ehe und Familie,* daß die Partner in der Lage sind, von ihrem je-eigenen Gewissensstandpunkt zur Anerkennung eines Mindestmaßes gemeinsam anerkannter sittlicher Geltung zu gelangen. Auch die immer wieder aufbrechenden Grundwertediskussionen zeigen, daß es ohne einen gewissen Basiskonsens kein human lebbares Miteinander in *Gesellschaft und Politik* geben kann. Denn auch die pluralistische Gesellschaft ist nur insofern eine Gesellschaft, als sie nicht pluralistisch ist. Auch die *Kirche* kann sich mit einem wirren Durcheinander widersprechender Gewissensüberzeugungen nicht abfinden, wenn sie in lebendigen Gemeinden, Teilkirchen und schließlich als Weltkirche lebendiges Volk Gottes sein will. Auch sie muß versuchen, vom Standpunkt der subjektiven Moralität der gläubigen Gewissen zu einer gemeinsamen kirchlichen Sittlichkeit zu gelangen. Übrigens weist auch *Kant* auf die Notwendigkeit dieses Überganges hin, wenn er in seiner Religionsphilosophie der Kirche als dem Volk Gottes die besondere Aufgabe zuordnet, aus dem ethischen Naturzustand, der »eine öffentliche wechselseitige Befehdung der Tugendprinzipien und ein Zustand der inneren Sittenlosigkeit« ist, in einen Zustand des »ethisch gemeinen Wesens« zu führen im Sinne der Idee »einer allgemeinen Republik nach Tugendgesetzen«[10].

Aber *in welchem Ausmaß ist gemeinsam anerkannte sittliche Normativität erforderlich und anzustreben?* Wieweit kann von einer legitimen, ja wünschenswerten Vielfalt der Gewissen und Gewissensüberzeugungen die Rede sein? Oder wäre der erstrebenswerte sittliche Idealzustand dann erreicht, wenn alles, was die Praxis betrifft, einer möglichst eindeutigen sittlich-normativen Reglementierung unterworfen ist, wie das viele katholische Moraltheologen bis in die jüngste Vergangenheit meinten? Wir sahen bereits, daß *Thomas* die Vielfalt und Gegensätzlichkeit der Gewissensüberzeugungen nicht einfachhin auf das Konto der Erbsünde setzte, sondern es schöpfungstheologisch

---

[10] *Kant,* Rel B 136–142.

in der gottgewollten Vielfalt des Menschseins begründete. Der Tendenz, eine möglichst lückenlose reglementierende sittliche Identität aufzubauen, steht die entgegengesetzte Tendenz gegenüber, überhaupt auf gemeinsames, sittlich-normativ regelndes Ethos zu verzichten, damit der Mensch im Sinne seiner radikal gefaßten Freiheit zu seiner je-eigenen Eigentlichkeit im Sinne je-eigener Wertentwürfe gelangen könne. Als einer der ersten vertrat Friedrich *Nietzsche* diese Tendenz. Später wurde sie in vielfältigen Spielarten von den Denkern des Existentialismus vertreten. Möglicherweise gibt es auf diese Frage keine andere Antwort als den Hinweis auf die Bedingungen der humanen Lebbarkeit unserer sozialen Institutionen. Wir brauchen so viel gemeinsam anerkanntes Ethos, so viel Normenkonsens, als erforderlich ist, damit unsere Institutionen human lebbare Gestalten konkreter Freiheit sein können. Diese Bedingungen sind in unterschiedlichen institutionellen Kontexten zweifellos unterschiedlich. Die Familie erfordert eine andere sittliche Identität als ein Unternehmen, eine politische Partei oder ein Staat. Einerseits gibt es die Gefahr einer Hypertrophie sittlich-normativer Reglementierungen, andererseits besteht aber auch die Gefahr, daß durch ein Defizit an gemeinsamem Ethos unsere Institutionen nicht mehr human gelebt werden können.

Wir können die Unterscheidung von Moralität und Sittlichkeit so interpretieren, daß es sich dabei um *zwei notwendig zu unterscheidende, aber systematisch aufeinander bezogene Sinnebenen menschlicher Praxis* handelt. Auf der ersten, grundlegenden Sinnebene, der der *Moralität,* geht es um die strikte Gewissensgemäßheit als solche im Sinne der Autonomie des Gewissens. Die strikt moralische Wertigkeit unserer Praxis entscheidet sich auf dieser Sinnebene und nur auf ihr. Auf der Sinnebene der Sittlichkeit dagegen geht es nicht primär um Gewissensgemäßheit, sondern um Normgemäßheit, deren Maßstab das anerkannte, geltende Ethos ist. In moralischer Hinsicht beurteilen wir ein Handeln auf Grund seiner Gewissensgemäßheit als *gut oder böse.* Auf der Sinnebene der Sittlichkeit beurteilen wir es auf Grund anerkannter, geltender Normativität als *sittlich oder unsittlich* bzw. sittenwidrig. Es sei nur kurz darauf hingewiesen, daß es darüber hinaus noch wenigstens zwei weitere Sinnebenen menschlicher Praxis gibt. So die des *Rechts,* wo es um *die Legalität und die Illegalität* einer Handlung geht, und die Sinnebene des *Glaubens,* wo die menschliche Praxis in den Gegensatz von *Liebe und Sünde* gerät.

10. Argumentationsformen der Normenbegründung

Die Aufgabe der Ethik besteht also nicht nur darin, den eigenständigen Sinn der Moralität aufzuweisen und zu differenzieren. Es geht der Ethik stets auch darum, das sittlich Richtige begründend aufzuweisen, um es zu normativer Anerkennung und Geltung zu bringen, und so an der »Ethik des Ethos« mitzuwirken. So genügt es nicht, die pure Moralitätsbewandtnis etwa der terroristischen Aktivität herauszustellen. Vielmehr ist darauf hinzuwirken, daß hinsichtlich des Terrors ein möglichst breites Ethos entsteht, das sich in gemeinsam anerkannten, wohlbegründeten Normen niederschlägt. Fundamentalethisch stellt sich darum die Frage, wie überhaupt Normen begründet werden können. Das ethische Denken entwickelte mehrere *Argumentationstypen der Normenbegründung,* deren Effizienz und wirkungsgeschichtliche Bedeutung sehr unterschiedlich sind. Vier dieser Argumentationstypen scheinen besonders wichtig zu sein: *die autoritative, die natur- und vernunftrechtliche, die utilitaristische und die konsensustheoretische* Normenbegründung.

(1) *Normenbegründung durch Autorität.* In diesem Argumentationstyp geht es darum, daß Normenprobleme durch den Rekurs auf eine Autorität gelöst werden, der eine definitiv normensetzende Kompetenz zugeschrieben wird. Dabei kann es sich um die Autorität einer oder mehrerer *Personen* handeln, um die Autorität eines als verbindlich betrachteten *Textes,* etwa einer Heiligen Schrift, einer Geltung beanspruchenden *Tradition* oder aber um die sittenbildende Autorität des staatlichen *Rechts.*

Paradigmatisch für den Rekurs auf die *Autorität von Personen* wurde *Platons* Lehre von den Philosophenkönigen[1]. Diejenigen, die zum An-sich-Wahren und An-sich-Guten in einem unmittelbaren Verhältnis stehen, also die Philosophen, sind eben dadurch legitimiert, allen anderen zu sagen, was das an sich Gute ist. Sie sollen darum das Ethos der Gesellschaft normativ festsetzen. Dieses Paradigma kehrt in sehr unterschiedlichen Spielarten autoritativer Nor-

---

[1] *Platon,* Politeia, VI und VII.

menbegründung wieder, man denke an den theologisch begründeten Kompetenzanspruch des kirchlichen Lehramts hinsichtlich der Glaubens- und Sittenlehre oder an den leninistisch begründeten analogen Anspruch des Zentralkomitees der KPdSU. Die Tragweite und Effizienz dieser Spielart autoritativer Normenbegründung hängt natürlich völlig davon ab, wieweit die Autoritätsträger in den betreffenden Gesellschaften empirisch-faktisch jene Anerkennung besitzen, auf Grund deren sie wirksam und ethosbildend Normenprobleme entscheiden können. Am Beispiel des Verbots der sogenannten künstlichen Empfängnisverhütung durch das päpstliche Lehramt läßt sich zeigen, wie ein derartiger Anspruch auf Grenzen der Anerkennung stoßen kann. – Dabei muß es sich nicht notwendig um Personen handeln, deren Autorität sich auf einen institutionalisierten, tradierten Anspruch gründet. In jeder Gesellschaft kann es hervorragende Persönlichkeiten geben, die das Ansehen einer moralischen, ethosbildenden Autorität gewinnen, ohne einen derartigen Anspruch zu erheben. Nach *Aristoteles* scheint der Tugendhafte »das Richtmaß für jeden Menschen zu sein«[2]; man neigt dazu, das für wahr zu halten, »was der Tugendhafte dafür hält«[3]. Man sollte die Bedeutung der anerkannten Autorität von Personen für die Ethosbildung nicht unterschätzen.

Ebenfalls eine bedeutende Rolle spielen *Texte,* die als verbindlich anerkannt werden, also etwa im Raum der Offenbarungsreligionen die *Heiligen Schriften,* deren Weisungen seitens der Gläubigen eine schlechthin normensetzende Autorität eingeräumt werden kann, beispielsweise die des *Wortes Gottes.* Allerdings kann die Autorität von Texten angesichts des Auslegungs- bzw. Interpretationsproblems leicht in eine Krise geraten, die unter Umständen zur Frage nach jenen Personen führt, welche anerkanntermaßen verbindliche Auslegungskompetenz beanspruchen können. In diesem Zusammenhang ist darauf hinzuweisen, daß die katholische Moraltheologie im Zeichen der sogenannten *Autonomen Moral* die normensetzende Autorität der Schrift in differenzierter Weise problematisierte[4]. Es wurde

[2] *Aristoteles,* NE IX, 4, 1166a 13.
[3] X, 5, 1176a 16.
[4] So z. B. *Alfons Auer,* Autonome Moral und christlicher Glaube, Düsseldorf [2]1984; – *Wilhelm Korff,* Norm und Sittlichkeit. Untersuchungen zur Logik der normativen Vernunft, Mainz 1973; – *Franz Böckle,* Fundamentalmoral, München [3]1981; – *Klaus Demmer,* Sittlich handeln aus Verstehen. Strukturen hermeneutisch orientierter Fundamentalmoral, Düsseldorf 1980; – *Bruno Schüller,* Die Begründung sittlicher Urteile. Typen ethischer Argumentation in der Moraltheologie, Düsseldorf [2]1980.

darauf hingewiesen, daß die Heilige Schrift im Grunde nicht neues Ethos schaffe, sondern vorgegebenes Ethos einschärfe. Wo die Schrift inhaltlich bestimmte Weisungen ausspreche, seien diese Weisungen oft nicht spezifisch biblisch und oft an zeitbedingte soziale und kulturelle Kontexte gebunden. Die großen, zentralen Weisungen der Schrift, etwa das Liebesgebot oder die Weisungen der Bergpredigt, hätten vor allem formalen Charakter; sie schärften eine allgemeine Grundmotivation ein und forderten eine bestimmte Grundausrichtung der Gesinnung und der Praxis, ohne konkrete Handlungskontexte inhaltlich zu normieren. Darum sei es Sache der gesellschaftlich und geschichtlich vermittelten Vernunft, autonom zeitgemäßes Ethos hervorzubringen und im Geist der Schrift, etwa im Geist der formalen Motivation des Liebesgebotes, zu entfalten. In der Tat scheint z. B. der Ehebruch nicht darum sittenwidrig zu sein, weil ihn Gott in der Schrift verbietet, sondern er wird verboten, weil er sittenwidrig ist. Und außerdem sollte der Christ vom Liebesgebot her motiviert sein, den Ehebruch zu unterlassen.

Sicher wird die Autorität von *Tradition,* also die Geltung von Normen auf Grund ihrer alt-ehrwürdigen Herkunft, in eher statischen Kulturen größere Bedeutung haben als im Kontext jener kulturellen Dynamik, in welchem wir heute leben. Dennoch wird man schwerlich bezweifeln können, daß folgende Überlegung des René *Descartes* durchaus plausibel ist: *Descartes* meint[5], man solle die traditionellen Normen, etwa die Gesetze und Sitten des Vaterlandes, die Lehre der Kirche und die Überzeugung besonnener und guter Menschen, zumindest so lange als Grundlage einer provisorischen Moral verwenden, bis man auf Grund umfassender und gediegener Überlegung und Forschung eine neue, tragfähige sittliche Orientierung gefunden habe. Er rechnet also damit, daß in den traditionellen Normen vermutlich mehr Weisheit liege als sich kurzfristig und nach nur oberflächlicher Überlegung aus dem Ärmel schütteln läßt. Insofern plädiert er im Zweifelsfall für die Tradition.

Zwei große Denker räumen der *sittenbildenden Autorität des staatlichen Rechts* eine eminente Bedeutung für die Normenfindung ein: *Aristoteles* und *Hegel.*

Folgen wir der Aristotelesinterpretation Joachim *Ritters*[6], so läßt sich die Position des Stagiriten – stark vereinfacht - etwa so zusam-

---

[5] *René Descartes,* Discours de la méthode III, Œuvres de Descartes (Ch. Adam u. P. Tannery) Bd. VI, 22–24.
[6] *Joachim Ritter,* Metaphysik und Politik, Frankfurt/M. 1969.

menfassen: In der griechischen Politie wurde ein Staat verwirklicht, der als Gemeinschaft der Freien, Gleichen und Selbständigen verfaßt ist. Darum ist die Politie die prinzipiell gerechte Staats- und Gesellschaftskonzeption. Aus diesem Grunde verdienen die in der Politie herrschenden rechtlichen und sittlichen Normen die Anerkennung der Bürger, denn sie sind die Normen des prinzipiell gerecht verfaßten Staates. Insofern ist die gesetzliche Gerechtigkeit »kein bloßer Teil der Tugend, sondern die ganze Tugend«[7] und »so wunderbar schön, daß nicht der Abend- und nicht der Morgenstern gleich ihr erglänzt«[8]. Diese unbedingte, sittlich-normative Bewandtnis der Gesetze trifft jedoch nicht für den Staat schlechthin bzw. für jeden Staat zu, sondern nur für jenen, der nach Art der Politie so verfaßt ist, daß er die Bürger als frei, gleich und selbständig anerkennt und darum von seiner prinzipiellen Verfaßtheit her das soziale und politische Wesen des Menschen auf den Begriff zu bringen vermag. Heute könnte man mutatis mutandis im Sinne des *Aristoteles* analog vielleicht so argumentieren: Die im Geiste des Natur- und Menschenrechtsethos konzipierte Ordnung des Grundgesetzes ist die im Prinzip humane politische und gesellschaftliche Ordnung. Darum müssen wir sie auch als sittlich-normativ, als lebendiges Ethos anerkennen. Dabei ist freilich zu bedenken, daß *Aristoteles* eben nicht schlechthin und überhaupt die sittenbildende Autorität des staatlichen Rechts anerkennt. Daß er den Gesetzen der Politie eine derartige Autorität einräumt, gründet letztlich in einer naturrechtlichen Argumentation, in welcher es um die Frage geht, ob der konkrete Staat dem Begriff des Menschen und damit seinem eigenen Begriff entspreche.

Bei *Hegel* erfährt dieser Gedanke eine eigentümliche, letztlich theologisch akzentuierte Wendung. Demnach ist es »der Gang Gottes in der Welt, daß der Staat ist, sein Grund ist die Gewalt der sich als Wille verwirklichenden Vernunft«[9]. Im konkreten Staat bringt die Vorsehung die sittliche Idee zur konkreten geschichtlichen Wirklichkeit, die vernünftig ist, weil sie wirklich ist. Darum ist das Recht des Staates »die Freiheit in ihrer konkretesten Gestaltung, welche nur noch unter die höchste absolute Wahrheit des Weltgeistes fällt«[10]. Wohl kennt *Hegel* auch den »schlechten Staat«[11] und »Epochen, wo das, was als das Rechte und Gute in der Wirklichkeit und Sitte gilt, den besseren Willen nicht befriedigen kann«[12]. Dennoch ist irgendwie

[7] *Aristoteles*, NE V, 3, 1130a 9.
[8] 1129b 27 f.
[9] *Hegel*, Rechtsphilosophie § 258 Zusatz.
[10] § 33 Zusatz.
[11] § 270 Zusatz.
[12] § 138.

jeder Staat, »man mag ihn auch nach den Grundsätzen, die man hat, für schlecht erklären«, so zu fassen, daß er die Idee des Staates, »diesen wirklichen Gott«, geschichtlich darstellt[13]. Darum kommt dem, was im Staat rechtlich-sittlich gilt, normative Bewandtnis zu gegenüber dem Gewissen. Angesichts der Vernünftigkeit des Wirklichen ist die Gesinnung gehalten, Gesinnung »des an sich seienden Rechts«[14] zu sein.

Der Argumentationstyp der Normenbegründung durch Autorität hat zwar in allen Epochen Bedeutung. Seine Varianten stoßen jedoch auch an offenkundige Grenzen. Je mehr das Normenproblem überhaupt als ein Vernunftproblem erfaßt wird, desto weniger läßt es sich an Autoritäten welcher Art immer delegieren. Es tendiert dazu, die Vernunft der Betroffenen zu beschäftigen.

(2) *Natur- und vernunftrechtliche Normenbegründung.* Wir fassen diese beiden Argumentationstypen zusammen, da sich bereits in der Differenzierung des Gewissensbegriffs zeigte, daß zwischen dem Denken des *Thomas von Aquin,* der als Klassiker des naturrechtlichen Argumentationstyps gilt, und jenem *Kants,* der als Klassiker der vernunftrechtlichen Argumentation angesehen werden kann, eine gewisse Komplementarität besteht.

Die *naturrechtsethische* Normenbegründung rekurriert, wie sich bereits zeigte, auf die Natur, das Wesen, den Begriff des Menschen sowie auf seine Stellung in der Wirklichkeit. Insofern bestimmt sie das Gute, das Sittlich-Normative, als das dem Menschen (in den Natur-, Gesellschafts- und Geschichtskontexten der Wirklichkeit) Natur-, Wesens- bzw. Begriffsgemäße und insofern als das Menschenwürdige. Es wurde bereits angedeutet, wie etwa *Thomas* diesen Gedanken am Begriff der *inclinationes naturales,* der natürlichen Hinordnungen bzw. (in der Übersetzung von Johannes *Messner*) der existentiellen Triebe und Zwecke[15] entwickelte. Insofern beansprucht die Naturrechtsethik, ein natürliches Sittengesetz anhand einer natürlichen Ordnung zu differenzieren. Man wird kaum umhinkommen, *Thomas* darin zuzustimmen, daß diese Argumentationsweise in gewisser Hinsicht schlechthin konstitutiv sei für die praktische Vernunft des Menschen als solche. Irgendwie argumentiert jeder in dieser Weise, wenn er im je-eigenen Gewissen den konkreten Inhalt der Pflicht bestimmt, und fast alle Argumentationstpyen der Ethik weisen

---

[13] § 258 Zusatz.
[14] § 141.
[15] *Johannes Messner,* Das Naturrecht, Innsbruck u. a. [5]1966, 39–48.

bei genauerer Betrachtung naturrechtliche Implikationen auf. Es gibt eine Fülle »naturaler Unbeliebigkeiten« (W. *Korff*[16]), die sowohl für die Überlegung des individuellen Gewissens als auch für die Begründung und Etablierung sittlicher Normen unbestreitbar relevant sind. Dennoch geriet das naturrechtsethische Denken in eine Krise, durch welche die Bedeutung dieses Argumentationstyps in der aktuellen ethischen Diskussion eine beträchtliche Minderung erfuhr. Das Thema dieser Krise läßt sich am ehesten an jenen Problemen illustrieren, in welche die (stark naturrechtsethisch orientierte) vorkonziliäre katholische Moraltheologie unter dem Einfluß der Neuscholastik und zum Teil auch der materialen Wertethik Max *Schelers* geriet. Man meinte, gewissermaßen mit einem Schlag »das Sein selbst«, die ungeschichtlich-konstante, reine Natur des Menschen bzw. die Schöpfungsordnung als solche in Sicht bringen zu können, um daran dann die sittlich relevanten, unveränderlichen Gesetze der natürlichen Ordnung abzulesen. Die heute kritisierten »biologistischen« Argumentationen sind Konsequenzen dieser Vorgangsweise. Dabei ergab sich die Tendenz, den bei *Thomas* selbst durchaus rekonstruierbaren Gesichtspunkt zu überspringen, daß es ja die Vernunft ist, die in je bestimmter gesellschaftlicher und geschichtlicher Vermittlung das Wesen des Menschen und seine natürlichen Hinordnungen interpretierend auslegt und insofern die sittliche Ordnung gerade nicht als etwas einfachhin Vorgegebenes abliest, sondern als Aufgegebenes hervorbringt oder im Sinne der zitierten Formulierung des Aquinaten *considerando facit*. Man verwechselte die scheinbar unbedingt-stringente Einsicht der geschichtlich-subjektiven Vernunft mit der unveränderlich-wesensgesetzlichen, ontologischen Bewandtnis des Seins selbst. In diesem Typus naturrechtsethischen Denkens war die neuzeitliche Wende zum Subjekt noch nicht aufgebrochen, weder im Sinne der transzendentalphilosophischen »kopernikanischen« Wende noch im Sinne der hermeneutischen Philosophie, welche auf die unausweichliche Zirkelbewandtnis allen auslegenden Interpretierens pochte. Die Frage nach dem Menschen, seiner Natur, seinem Begriff, seinen natürlichen Hinordnungen und existentiellen Zwecken erweist sich in der Perspektive der Wende zum Subjekt als eine nie schlechthin und endgültig beantwortbare Frage, sondern stets und trotz des Problembewußtseins vieler vernünftiger Antworten als eine immer zugleich auch »offene Frage«. Denn es geht in dieser Frage nie

---

[16] *Wilhelm Korff*, a. a. O. (Anm. 4) 76–112.

bloß um den Aufweis artspezifischer Fixierungen, sondern immer auch darum, wie der Mensch sich (im Kontext von Gesellschaft und Geschichte) begreift, interpretiert und entwirft. Wohl ist es richtig zu sagen, das Wesen des Menschen sei in gewisser Hinsicht unverfügbar und unveränderlich vorgegeben; nur unter dieser Voraussetzung können Mensch und Tier, Weltgeschichte und Naturgeschichte konsequent unterschieden werden. Aber dieses vorgegebene An-sich des Menschseins kann nur in den Abschattungen geschichtlicher Interpretation und Auslegung Thema der Vernunft werden.

Diese Einwände gegen eine bestimmte Ausprägung naturrechtsethischen Argumentierens betreffen allerdings nicht den harten Kern dieses Argumentationstyps. Die im Laufe der letzten zwanzig Jahre erfolgte Grundlagendiskussion innerhalb der katholischen Moraltheologie[17] führte einerseits auf Grund derartiger Einwände zu einer Neubesinnung, stellt aber andererseits – nicht zuletzt im Rückgriff auf *Thomas* – diesen unverzichtbaren harten Kern heraus. Die naturrechtsethische Frage nach dem, was dem Menschen als Menschen wesensgemäß ist, kann sich durchaus ihrer eigenen geschichtlichen Vermitteltheit und Offenheit bewußt sein und ebendadurch die Chance gewinnen, auf ein heute erforderliches Ethos hin zeitgemäß stringent zu sein. Dabei erweist sich der naturrechtsethische Ansatz als besonders befähigt, auch den Wissensstand der empirischen Humanwissenschaften in seine Argumentation einzubeziehen.

Die Unverzichtbarkeit des harten Kerns naturrechtsethischen Argumentierens zeigt sich deutlich, wenn man die Probleme der *vernunftrechtlichen* Normenbegründung untersucht. Die vernunftrechtliche Normenbegründung rekurriert auf *die Vernunft als solche* und faßt insofern das Gute, das Sittlich-Normative, als das Vernunftgemäße. Nach *Fichte* ist das letzte und höchste Ziel des Menschen die »vollkommene Übereinstimmung des Menschen mit sich selbst, und – damit er mit sich übereinstimmen könne – die Übereinstimmung aller Dinge außer ihm mit seinen notwendigen praktischen Begriffen von ihnen, – den Begriffen« welche bestimmen, wie sie sein *sollen*«[18]. Aufgabe sittlicher Praxis ist es demnach, die ganze empirische Welt einschließlich des empirischen Subjekts vernunftgemäß zu gestalten. Dieser Ansatz widerspricht zunächst in keiner Weise jenem des naturrechtsethischen Argumentationstyps, man denke etwa daran, daß

---

[17] Vgl. Anm. 4.
[18] *Johann Gottlieb Fichte,* Einige Vorlesungen über die Bestimmung des Gelehrten, in: Werke (I. H. Fichte) Bd. VI, 299.

Thomas durchaus die Äquivalenz des *secundum naturam* und des *secundum rationem* behauptet[19]. Auch die Natur- bzw. Wesensbegriffe, mit welchen naturrechtsethisch argumentiert wird, sind Begriffe der Vernunft.

Der vernunftrechtliche Argumentationstyp gerät jedoch in eine Gefahr, die gegenüber jener der naturrechtsethischen Argumentation komplementär bestimmt werden kann. Während die naturrechtsethische Argumentation Gefahr läuft, die geschichtliche Vermittlungs- und Interpretationsbewandtnis der praktischen Vernunft zu vergessen, um mit einem Schlag beim Sein selbst und bei der Natur an sich anzukommen, gerät die vernunftrechtliche Argumentation in die Gefahr des *Konstruktivismus,* der das Natürliche in seiner ontologischen Eigenbedeutung nivelliert und nur noch als verfügbaren Bereich von Erscheinungen betrachtet. Die Differenz von Sein und Erscheinung im Sinne *Platons,* das ontologisch relevante Allgemeine im Sinne der entelechial gefaßten substantialen Formen des *Aristoteles* und die Monade als formales Atom bei *Leibniz* fallen im Zuge des Konstruktivismus jener »Geisteraustreibung« zum Opfer, die dann die Natur nur noch als unumschränkte Domäne des technisch orientierten, naturwissenschaftlichen Verstandes, als »Material«, bestehen läßt. Zweifellos war auch *Kant* nicht unbeteiligt an dieser geschichtsmächtig gewordenen konstruktivistischen Wende[20].

Diese konstruktivistische Tendenz des vernunftrechtlichen Argumentationstyps befindet sich allerdings heute in einer Krise. Als Paradigma dieser Krise kann die Erfahrung gelten, daß der Wald im Begriff ist, sich als ein Natürliches diesem konstruktivistischen Zugriff zu entziehen und zu sterben. Dieses Paradigma demonstriert penetrant die ontologisch-entelechiale Eigenbedeutung des Natürlichen bzw. das dem »Faktum der Vernunft« gegenüberstehende Faktum der »naturalen Unbeliebigkeit«, das nicht nur die vormenschliche Natur, sondern auch den Menschen betrifft, sofern er als erscheinende Substanz, als *ousia aistheté (Aristoteles)* begriffen werden muß. Hier kommt unabweisbar der harte Kern des naturrechtsethischen Argumentationstyps zum Zuge. Wohl wird mit Recht betont, daß die Vernunft die Vermittlungsinstanz schlechthin ist. Aber ebenso muß darauf insistiert werden, daß die Vernunft die »Dinge an sich selbst«, welche für sie zunächst lediglich »Noumena im negativen Verstand«

---

[19] Besonders präzise: STh I.II. 18,5.
[20] Vgl. dazu den Abschnitt »Konstruktivismus und Transzendentalphilosophie« in: *Erich Heintel,* Die beiden Labyrinthe der Philosophie, Bd. I, Wien – München 1968, 534–556.

(Kant) sind, so voraussetzen muß, daß sie die Erscheinungen (das Empirische) als deren Erscheinungen, als Äußerungen ihres substantialen und entelechialen Seins zu begreifen sucht, das – wie im Fall des sterbenden Waldes – von sich her den konstruktivistischen Zugriffen verständigen Verfügens natural unbeliebige Grenzen setzt. Wenn das Subjekt in diesem Sinne die eigenständige Bedeutung der Substanz nicht nivelliert, sondern ernst nimmt, dann bestimmen sich die naturrechtliche und die vernunftrechtliche Argumentation zu zwei Aspekten eines einzigen Typus, der für das ethische Argumentieren überhaupt unverzichtbar zu sein scheint. In diesem einen Argumentationstyp haben die beiden Aspekte die Funktion, daß jeweils der eine die für den anderen typische Tendenz zur Fehlentwicklung verhindert.

(3) *Utilitaristische Normenbegründung.* Der Utilitarismus stellt die (vor allem in den angelsächsischen Ländern verbereitete) wichtigste Ausprägung der *empiristischen* Ethik dar. Stark vereinfacht läßt sich dieser Argumentationstyp folgendermaßen charakterisieren[21]: Handlungen und Handlungsweisen sind ausschließlich auf Grund ihrer Folgen, ihrer Konsequenzen, also teleologisch zu beurteilen (Konsequenzprinzip). Für diese Beurteilung ist der Nutzen der Handlungen bzw. Handlungsweisen maßgeblich (Utilitätsprinzip). Als nützlich gilt das, was zur Erfüllung der menschlichen Bedürfnisse und Interessen beiträgt, also die Lust, das Glück, die Freude *(pleasure, happiness)* vermehrt (Hedonismusprinzip). Worin dieses Glück besteht, bestimmt letztlich jeder Mensch selbst. Dabei geht es nicht nur um das Glück des Handelnden selbst, sondern um das Glück aller, die von der Handlung betroffen sind, ja letztlich aller Menschen (Sozialprinzip). – Gut sind Handlungen bzw. Handlungsweisen also dann, wenn sie die so bestimmte Nutzensumme bzw. den Durchschnittsnutzen steigern. Die Normenbegründung erfolgt also durch den Aufweis, daß bestimmte Handlungsweisen die Tendenz haben, die Nutzensumme bzw. den Durchschnittsnutzen und damit das Glück für die von der Handlung Betroffenen bzw. für die Menschen überhaupt zu erhöhen.

Zweifellos gibt es weite Bereiche, in welchen eine derartige Form der Normenbegründung zureicht. Immerhin faßt auch *Kant* die (durchaus hedonistisch gefaßte)»Glückseligkeit anderer Menschen« als einen Zweck, der an sich Pflicht ist.»Was diese zu ihrer Glück-

---

[21] *Otfried Höffe,* Einführung in die utilitaristische Ethik, München 1975.

seligkeit zählen mögen, bleibt ihnen selbst zu beurteilen überlassen ...«[22] Wir sehen hier von der Frage ab, inwiefern eine empiristische Ethik überhaupt in der Lage ist, den eigenständigen Sinn der Moralität zu bestimmen, der ja Voraussetzung aller Sittlichkeitsproblematik ist. Die neuere Utilitarismusdiskussion im angelsächsischen Raum, man denke etwa an die »Theorie der Gerechtigkeit« von John *Rawls*[23], machte jedoch prinzipielle Grenzen der utilitaristischen Argumentationsweise deutlich. So etwa wurde gezeigt, daß weder die Theorie der Nutzensumme noch die des Durchschnittsnutzens das Gerechtigkeitsproblem der Verteilung des Glücks und der Glücksgüter zu lösen vermag. Gerechtigkeitsprobleme können, so scheint es, letztlich nur in natur- bzw. vernunftrechtlichen Argumentationen gelöst werden. Darüber hinaus stellt sich die Frage, ob es bei der Normenbegründung ausreicht, die Handlungskonsequenzen nur im Sinne der *empirischen Folgen* von Handlungen in Betracht zu ziehen. Natur- und vernunftrechtliche Argumentationstypen halten es für erforderlich, über diese hedonistische Perspektive hinaus auch die nicht-empirischen Konsequenzen zu berücksichtigen, etwa Konsequenzen, welche die Menschenwürde als solche betreffen.

(4) *Konsensustheoretische Normenbegründung.* Hier geht es um einen Argumentationstyp, der im Laufe der letzten 15 Jahre vor allem im deutschen Sprachgebiet Verbreitung fand und in verschiedenen Ausprägungen vertreten wird. Besonderes Interesse fand die außerordentlich differenzierte Theorie von Jürgen *Habermas*[24]. Ihr Grundgedanke läßt sich so zusammenfassen: Da wir in vielfältigen gesellschaftlichen Zusammenhängen leben, stehen wir immer schon in sozialen Interaktionsprozessen, in welchen normative Regelungen in Geltung sind. Solange derartige Geltungsansprüche praktiziert und anerkannt werden, entsteht kein Normenproblem. Werden jedoch Geltungsansprüche problematisiert, so droht die soziale Interaktion auf Grund des aufbrechenden Normendissenses dysfunktional zu werden. In diesem Fall, so meint *Habermas,* ist es erforderlich, das verlorene Einverständnis durch Diskursprozesse wiederherzustellen. Die Frage, wie von praktischen Dissensen über Diskursprozesse zu tragfähigen konsensuellen Normierungen gelangt werden kann,

---

[22] *Kant,* MST A 17.
[23] *John Rawls,* A Theory of Justice, Oxford 1972.
[24] *Jürgen Habermas,* Theorie des kommunikativen Handelns, 2 Bde., Frankfurt/M. 1981; – ders., Vorstudien und Ergänzungen zur Theorie des kommunikativen Handelns, Frankfurt/ M. 1984.

beantwortet er im Rahmen einer umfassenden *Diskurstheorie.* In gewisser Hinsicht geht es dabei um eine formale Ethik des Diskurses, um allgemeine Diskursregeln, in welchen die Bedingungen der Möglichkeit konsensbildender Diskursprozesse dargestellt werden. So etwa bildet die menschliche *Bedürfnisstruktur* das Bezugsfeld, von dem aus die einzelnen Bedürfnisse und Interessen hinsichtlich ihrer Befriedigung Thema des Diskurses werden, wobei das *Prinzip der Universalisierung* als Brückenprinzip fungiert. Dabei sollen die Diskurse *rational-argumentativ* verlaufen, so daß in ihnen der Zwang des besseren Arguments den Ausschlag gibt. Entscheidend für das Gelingen konsensbildender Diskurse ist es, daß kontrafaktisch auf eine *ideale Sprechsituation* vorgegriffen wird. Diese umfaßt die universelle kommunikative Kompetenz aller Teilnehmer der betreffenden sozialen Interaktion, die Beseitigung aller Kommunikationssperren durch Herrschaftsfreiheit der Diskurse bzw. durch Chancengleichheit aller Teilnehmer sowie die Vermeidung »strategischer Diskurse« und die Wahrhaftigkeit der Teilnehmer. Je mehr diese formalen Diskursbedingungen erfüllt sind, desto eher kann im Diskurs ein Konsens erreicht werden, in welchem die normativen Regelungen der sozialen Interaktion durch Zustimmung anerkannt sind. Dabei denkt *Habermas* nicht nur an Diskursprozesse *im Rahmen überschaubarer Gruppen,* etwa »um einen Tisch herum«, sondern auch *an gesamtgesellschaftliche Diskursprozesse,* in welchen sich eine vernünftige Identität komplexer Gesellschaften ausbilden soll.

Im Grunde unterscheidet die Theorie *zwei Ebenen des Normativen.* Die eine betrifft die formalen Bedingungen der Diskurse und wendet in gewisser Hinsicht die Idee des sittlichen Apriori bei *Kant* auf das Diskursgeschehen an. Die andere Ebene ist die der konsensuell anerkannten und insofern verbindlichen, inhaltlich bestimmten Diskursresultate. Dabei ist *Habermas* der Überzeugung, daß mit abnehmender Bedeutung normensetzender Autoritäten in allen Gesellschaftsbereichen nur die diskursbedingte Legitimation durch Zustimmung vernünftige Identität bewirken kann.

Die Theorie von *Habermas* steht gewissermaßen quer zu den drei erörterten Argumentationstypen der Normenbegründung. Sie widerspricht ihnen nicht. Diskursprozesse könnten unter Umständen sogar zu Konsensen führen, in welchen die normensetzende Kompetenz von Autoritäten anerkannt wird. Die in die Diskurse eingebrachten rationalen Argumente könnten natur- oder vernunftrechtlicher oder auch utilitaristischer Provenienz sein. *Habermas* will zeigen, daß es ohne die in Diskursprozessen (die bestimmten Bedingungen entsprechen) erreichte Zustimmung bzw. Anerkennung keine normative Identität geben kann. Was *Hegel* die sittliche Substantialität als Bedingung konkreter Freiheit nannte, sei heute nur über diskursive Konsensbildung herzustellen.

Man sollte diese Theorie nicht durch die oft belächelte Vorstellung riesiger Tischrunden und Säle abtun, deren endlose Diskurse konsenslos dahinplätschern. In der Tat hat die Theorie ihren guten Sinn sowohl in überschaubaren Gemeinschaften als auch in gesamtgesellschaftlicher Dimension. Was die letztere betrifft, könnte man an die Friedens- und Umweltdiskussion denken, an die aktuelle Diskussion über die sittlichen Grenzen der Gentechnologie oder an die Dritte-Welt-Diskussion. In allen diesen Fällen geht es um öffentliche Diskurse mit mehr oder weniger breiter Beteiligung. Sie haben das Ethos unserer Gesellschaft verändert, Sensibilisierungen bewirkt und zumindest teilweise auch zu Konsensen geführt. Dabei schließt die Herrschaftsfreiheit der Diskurse nicht aus, daß sich an ihnen Experten bzw. epistemische Autoritäten beteiligen. Nur geht es im Diskurs nicht um deren Autorität als solche, sondern um die Überzeugungskraft ihrer Argumente, wobei *Habermas* hofft, daß sich letztlich vernünftige Argumente in der Öffentlichkeit durchsetzen werden, wenn im Medium der Öffentlichkeit bestimmte Diskursbedingungen gewährleistet sind.

(5) *Übersicht.* Es gibt noch zahlreiche andere Argumentationstypen der Normenbegründung. So etwa bemüht sich das *Menschenrechtsdenken* auf dem Boden der Menschenrechte um ein Weltethos. Systemgeschichtlich weist dieses Denken auf die Argumentationstypen des (klassischen und neuzeitlichen) Natur- und Vernunftrechts zurück. Die Crux des Menschenrechtsdenkens liegt in der Systematisierung bzw. in der Vermittlung der Menschenrechte und Menschenrechtstypen (Freiheitsrechte, soziale Rechte, Bürgerrechte) zueinander auf Grund von Vorrangregeln, was wiederum auf das Desiderat einer konsensfähigen Bestimmung der Begriffe »konkrete Freiheit« bzw. »Gemeinwohl« verweist. *Kritische Rationalisten* schlagen vor, Normen als Hypothesen zu fassen und sie im Hinblick auf die heutige Problemsituation unter Beiziehung der Wissenschaften kritisch mit denkbaren Alternativen zu vergleichen; das Problem dürfte in der Bestimmung der Kriterien eines derartigen Vergleichs liegen. Anhänger der *materialen Wertethik* sind der Auffassung, man könne Normenprobleme auf Grund eines apriorischen Fühlens objektiver

Werte lösen; vor allem durch die hermeneutische Philosophie wurde die Bedeutung dieser Position stark gemindert. Großes Aufsehen erlangte jüngst das brillante Werk »Das Prinzip Verantwortung« von Hans *Jonas*[25], in welchem angesichts der Gegebenheiten der technologischen Zivilisation eine neue Ethik gefordert wird. Es ist allerdings die Frage, ob die von *Jonas* entwickelte Ethik, sieht man von ihrem aktuellen Anwendungsbereich ab, als solche neu ist; sie scheint in vieler Hinsicht dem naturrechtsethischen Argumentationstyp nahezustehen. Dazu kommt, daß gläubige Christen immer wieder darauf hinweisen, das *Liebesgebot des Neuen Testaments,* insbesondere die Weisungen der Bergpredigt, seien in der Lage, die aktuellen Normenprobleme zu lösen. Wäre das der Fall, so handelte es sich um Normenbegründung durch Autorität. Ob allerdings aus biblischen Weisungen angesichts konkret-aktueller Normenprobleme tatsächlich inhaltlich bestimmte Normen abgeleitet werden können, ist, wie sich bereits zeigte, unter Theologen höchst umstritten.

Wenn es also im Hinblick auf den Übergang von Moralität in Sittlichkeit um die Frage der Normenbegründung geht, so bietet sich dafür ein zwar breites und vielschichtiges Instrumentarium an, das sich jedoch auf relativ wenige Argumentationstypen reduzieren läßt. Dabei geht es nicht nur darum, daß Ethiker und Moraltheologen brillante Argumentationen aufbauen, sondern auch darum, daß sie diese Argumentationen in öffentliche Diskurse einbringen, damit sie in der Ethik des Ethos Bedeutung gewinnen.

[25] *Hans Jonas,* Das Prinzip Verantwortung. Versuch einer Ethik für die technologische Zivilisation, Frankfurt/M. 1979.

11. Tugend

Als Einstieg in die folgende Überlegung bietet sich der Hinweis auf eine Kontroverse zwischen *Kant* und dem Dichter Friedrich *Schiller* an[1]. Gegenstand der Auseinandersetzung war die Bedeutung der Sinnlichkeit bzw. des Gefühls, der Neigungen, innerhalb der Moralitätsproblematik. Nach *Kant* ist eine Handlung nur dann moralisch gut, wenn sie *aus Pflicht* erfolgt, d. h. wenn ihre Triebfeder ausschließlich in der Achtung vor dem Sittengesetz besteht. An manchen Stellen fördert *Kant* geradezu das Mißverständnis, eine Handlung müsse, um moralisch gut zu sein,»ohne alle Neigung«[2], ja sogar im Widerspruch zu aller Neigung, also ungern erfolgen. Im folgenden Distichon belächelt *Schiller* diese Tendenz:»Gerne dien' ich den Freunden, doch tu ich es leider mit Neigung, und so wurmt es mich oft, daß ich nicht tugendhaft bin.«[3] Nun war *Kant* freilich keineswegs der Auffassung, die moralisch gute Handlung müsse ohne bzw. gegen alle Neigung erfolgen[4]. Auch *Kant* ist der Auffassung, Pflichtgemäßheit könne mit Neigung verbunden sein, ja in seiner Auseinandersetzung mit *Schillers* Schrift »Über Anmut und Würde« spricht er sich ganz entschieden dafür aus, die Pflicht solle mit»fröhlicher Gemütsstimmung« getan werden, denn»das fröhliche Herz in Befolgung seiner Pflicht« sei»Zeichen der Echtheit tugendhafter Gesinnung«[5]. Ein Handeln *aus Pflicht* kann also durchaus *mit Neigung* geschehen. Entscheidend für die moralische Wertigkeit ist jedoch der Umstand, daß die Neigung nicht Triebfeder dieses Handelns ist, die Handlung also nicht *aus Neigung* erfolgt. In dieser Hinsicht besteht zwischen *Kant* und *Schiller* kein Gegensatz.

Die Bedenken, die *Schiller* in der Schrift»Über Anmut und Würde« aus ästhetischer Sicht gegen *Kant* äußert, betreffen jedoch

---

[1] Vgl. dazu: *Hans Reiner,* Die Grundlagen der Sittlichkeit, Meisenheim 1974, 15–49.
[2] *Kant,* GMS BA 11.
[3] *Friedrich Schiller,* Werke (Nationalausgabe) Bd. I, 357.
[4] Dazu die wichtigsten Texte bei *Reiner,* a. a. O. 26, 35f.
[5] *Kant,* Rel A 10ff.

ein anderes, für die Ethik eminent bedeutsames Problem. Bei *Kant* hängt das Auftreten von Neigungen vollständig von der Naturkausalität und ihren Gesetzen ab, denen die Sinnlichkeit unterworfen ist. Das Entstehen und Vergehen der Neigungen ist kein moralisches Problem, sondern ein naturkausaler Vorgang. Die moralisch relevante Freiheit steht demnach vor der Entscheidung, sich entweder autonom, aus Vernunft, im Sinne des Sittengesetzes als Triebfeder, oder aber heteronom, also aus naturkausal auftretenden Neigungen zu bestimmen bzw. bestimmen zu lassen. Ob das moralische Handeln, also das Handeln *aus Pflicht,* zugleich *mit Neigung,* also »fröhlichen Herzens« erfolgen kann, ist für *Kant* doch letztlich eine Frage des Zufalls, die auf Grund der naturkausalen Bewandtnis der Neigungen für den Handelnden unverfügbar bleibt. Wohl ist es Sache der Freiheit, die »Affekte zu zähmen« und die »Leidenschaften zu beherrschen«[6]. Es gibt aber keine Möglichkeit, Affekte und Leidenschaften zu bilden, zu gestalten und zu »erziehen«.

Schiller geht es darum, das Verhältnis von Pflicht und Neigung, von Geist und Sinnlichkeit, anders zu bestimmen. »In der Kantischen Moralphilosophie ist die Idee der Pflicht mit einer Härte vorgetragen, die alle Grazien davor zurückschreckt [...].«[7] Während es bei *Kant* moralisch irrelevant und der Sache nach zufällig ist, ob ein Handeln aus Pflicht zugleich mit Neigung erfolgt oder nicht, insistiert *Schiller* auf einem inneren Zusammenhang beider, der ästhetisch wie moralisch relevant ist. »Der Mensch *darf* nicht nur, sondern *soll* Lust und Pflicht in Verbindung bringen.«[8] Die Würde als Ausdruck des herrschenden Geistes soll sich mit der sinnlichen Anmut vereinigen, und erst diese Vereinigung ist »sittliche Vollkommenheit«. Die »schöne Seele«[9] hat diese Vereinigung erreicht. Dieses Ziel der inneren Harmonie hat durchaus die Bewandtnis einer moralischen Aufgabe im Sinne einer regulativen Idee: »Es ist dem Menschen zwar aufgegeben, eine innige Übereinstimmung zwischen seinen beiden Naturen zu stiften, immer ein harmonisierendes Ganzes zu sein, und mit seiner vollstimmigen ganzen Menschheit zu handeln. Aber diese Charakterschönheit, die reifste Frucht seiner Humanität, ist eine *bloße Idee,* welcher gemäß zu werden er mit anhaltender Wachsamkeit streben, aber die er bei aller Anstrengung *nie ganz erreichen* kann.«[10]

Damit aber nimmt *Schiller* gegen *Kant* einen Standpunkt ein, der auf *Aristoteles* verweist, der ebenfalls den inneren Zusammenhang

---

[6] MST A 50.   [8] 283.   [10] 289.
[7] *Schiller,* Bd. XX, 284.   [9] 287 f.

der beiden Aspekte betont. Nach *Aristoteles* bedarf das Leben des Tugendhaften »der Lust nicht wie einer äußeren Zugabe, sondern es hat dieselbe schon in sich«. Denn niemand ist »wahrhaft tugendhaft, der an sittlich guten Handlungen keine Freude hat, und niemand wird einen Mann gerecht nennen, wenn er an gerechten, oder freigebig, wenn er an freigebigen Handlungen keine Freude hat, und so weiter«. »Ist dem aber so, dann müssen die tugendgemäßen Handlungen an sich genußreich, überdies aber auch gut und schön sein, und zwar dieses alles im höchsten Maße, wenn anders der Tugendhafte richtig über sie urteilt.«[11]

Man wird schwer bezweifeln können, daß *Schiller* und *Aristoteles,* wenn auch in sehr unterschiedlicher Weise, doch etwas unabweisbar Richtiges meinen, wenn sie behaupten, zum wahrhaft Guten gehöre es, daß es *gerne,* also zugleich auch *mit Neigung* bzw. *anmutig,* getan werde. Offenbar zeigt sich hier eine gewisse Schwäche der sonst so großartigen Ethik *Kants.* Aber wo liegt in dieser Kontroverse der springende Punkt? In gewisser Hinsicht scheint doch auch *Kant* richtig zu sehen, wenn er es als moralisch irrelevant betrachtet, ob die Handlung aus Pflicht zugleich mit Neigung erfolgt oder nicht. Ja, in mancher Hinsicht sind wir spontan geneigt, eine Handlung aus Pflicht, die in mühsamer Überwindung widerstrebender Neigungen getan wird, moralisch höher zu bewerten als eine solche, die im Sinne *Schillers* anmutig oder im Sinne des *Aristoteles* gerne vollzogen wird.

Der springende Punkt dürfte mit einem Lehrstück zusammenhängen, das der antiken und mittelalterlichen Philosophie weitgehend geläufig war, in der Neuzeit jedoch zumindest teilweise in Vergessenheit geriet. Der Kerngedanke dieses Lehrstücks ist folgender: Unsere sinnlichen Leidenschaften, Affekte, Neigungen und Gefühle, die etwa *Thomas* im Traktat über die *passiones animae* einer grandiosen Analyse unterzog[12], treten nicht einfachhin bloß als Resultate naturkausaler empirischer Mechanismen auf, wie *Kant* meinte. Sie stehen vielmehr in einem ganz besonderen Verhältnis zur Kausalität aus Freiheit. Während unsere rein vegetativen Lebensprozesse (z. B. die Verdauung) weitgehend unwillkürlich-naturkausal geregelt ablaufen, hängt unser Sensorium und damit unsere Sensualität entscheidend auch von unserem Willen ab. Als Paradigma dieses Lehrstücks kann *Platons* Lehre von den Seelenteilen gelten[13]; die Gerechtigkeit eines

---

[11] *Aristoteles,* NE I, 9, 1099a 15–23.
[12] *Thomas,* STh I.II. 22–48.
[13] *Platon,* Politeia IV, 11–19.

Menschen wird dadurch bestimmt, daß die Vernunft über die zornmütigen und die begehrenden Affekte herrscht und dadurch die Harmonie zwischen Geistigem und Sinnlichem herstellt. Aus diesem Lehrstück folgt, daß der Mensch seine Sensualität gestalten und erziehen kann. Es liegt also in gewisser Hinsicht *an uns*, ob wir etwas Pflicht- bzw. Vernunftgemäßes *gerne* tun oder nicht. Die Gestaltung unserer Sensualität, unserer Leidenschaften, Affekte, Neigungen und Gefühle wird damit zu einem *moralischen Problem*. Tue ich das Pflichtgemäße ungern, so ist dieser pflichtwidrige Affekt Indiz einer gewissen moralischen Unzulänglichkeit. Der moralisch Vollkommene, also der Tugendhafte im Sinne des *Aristoteles* (und ganz ähnlich die »schöne Seele« bei *Schiller*), hat seine Sensualität so gestaltet und erzogen, daß er das Gute gerne tut und keine Affekte mehr böse Motivationen ins Spiel bringen. Darum kann nach *Aristoteles* nur der Tugendhafte ein vollkommen glücklicher Mensch werden, denn er tut das Pflicht- und Vernunftgemäße immer gern. Bei *Kant* geht es in der Moralitätsproblematik darum, aus Pflicht bzw. aus Achtung vor dem Sittengesetz zu handeln, gleichgültig welche Neigungen – naturkausal und unverfügbar – auftreten. Das umrissene Lehrstück erweitert die Moralitätsproblematik: Die Neigungen treten nicht einfachhin naturkausal und unverfügbar auf, sondern sie bilden selbst ein moralisches Thema, da sie durch moralische Anstrengung in einem Prozeß der Selbsterziehung gestaltet werden können und darum auch gestaltet werden sollen.

Damit kommt der klassische Begriff der *Tugend* in Sicht. Für *Aristoteles* (und *Thomas*) ist die Tugend eine je bestimmte erworbene Haltung, ein Habitus, der uns eine bestimmte vernunftgemäße Handlungsweise gewissermaßen zur zweiten Natur macht. Damit ist hinsichtlich der Sensualität ein Prozeß der Selbsterziehung verbunden, der darauf abzielt, daß das Vernunft- und Pflichtgemäße mehr und mehr *gerne*, »fröhlichen Herzens«, also *mit Neigung*, getan werden kann. Auch *Kant* geht auf den Tugendbegriff ein[14] und bestimmt die Tugend als Habitus, als »Fertigkeit«, also als eine »Leichtigkeit zu handeln und eine subjektive Vollkommenheit der Willkür«[15]. Allerdings betrifft diese Fertigkeit lediglich den Willen als solchen, der dann »nach dem Prinzip der inneren Freiheit« die Affekte bezähmt und die Leidenschaften beherrscht. Ziel dieser Zähmung und Beherr-

---

[14] *Kant*, MST A 46–53.
[15] A 49.

schung ist jedoch gerade nicht die Harmonie des ganzen Menschen in sich selbst im Sinne etwa der »schönen Seele« *Schillers* oder des Tugendhaften bei *Aristoteles,* sondern die »moralische Apathie«, gewissermaßen die Neutralisierung, die Ruhigstellung der Sinnlichkeit, »daß die Achtung fürs Gesetz über sie insgesamt mächtiger wird«[16].

Nach *Aristoteles* erlangen wir die Tugenden »nach vorausgegangener Tätigkeit, wie dies auch bei den Künsten der Fall ist. Denn was wir tun müssen, nachdem wir es gelernt haben, das lernen wir, indem wir es tun. So wird man durch Bauen ein Baumeister und durch Zitherspielen ein Zitherspieler. Ebenso werden wir aber auch durch gerechtes Handeln gerecht und durch Beobachtung der Mäßigkeit mäßig, durch Werke des Starkmuts starkmütig.«[17] Aus der Zielsetzung der in diesem Prozeß sich vollziehenden Erziehung der Sensualität ergibt sich das Kriterium der erreichten Tugendhaftigkeit: »Als Zeichen der Haltungen muß man die mit den Handlungen verbundene Lust oder Unlust betrachten. Wer sich sinnlicher Genüsse enthält und eben hieran Freude hat, ist mäßig, wer aber hierüber Unlust empfindet, ist zuchtlos. Und wer Gefahren besteht und sich dessen freut oder wenigstens keine Unlust darüber empfindet, ist mutig, wer aber darüber Unlust empfindet, ist feig. Denn die sittliche Tugend hat es mit der Lust und der Unlust zu tun.«[18] Der Gesichtspunkt der Einzelhandlung geht über in den Gesichtspunkt eines sittlichen Bildungsprozesses, dessen Ziel die vollkommene Pflicht- bzw. Vernunftgemäßheit nicht nur (wie bei *Kant*) des Willens bzw. der Gesinnung ist, sondern (auf Grund der moralisch relevanten Gestaltbarkeit der Sensualität, der Neigungen) *des ganzen Menschen,* was wiederum auf *Schillers* Rede von »sittlicher Vollkommenheit« verweist.

Dieser Bildungsprozeß im Zeichen des Tugendstrebens bringt zugleich *das Leben als ganzes* in Sicht, als umfassende, moralisch zu gestaltende Aufgabe. Selbstbestimmung aus Freiheit betrifft letztlich durch alle Einzelhandlungen hindurch den Menschen als ganzen und in der Ganzheit seines Lebens. Es geht nicht nur darum, in Einzelhandlungen gut zu handeln, sondern selbst *gut zu werden.* Karl *Rahner* drückte diesen Sachverhalt prägnant aus: »In der Freiheit geht es immer um den Menschen als solchen und ganzen. Das Objekt der Freiheit in ihrem ursprünglichen Sinn ist das Subjekt selbst, und alle

---

[16] A 52.
[17] *Aristoteles,* NE II, 1, 1103a 30– 1103b 2.
[18] NE II, 2, 1104b 4–10.

zu behandelnden Gegenstände der Umwelterfahrung sind nur Gegenstände der Freiheit, insofern sie dieses endliche und raumzeitliche Subjekt an es selber vermitteln. Dort, wo Freiheit wirklich begriffen wird, ist sie nicht das Vermögen, dieses oder jenes tun zu können, sondern das Vermögen, über sich selbst zu entscheiden und sich selbst zu tun.«[19] »Die Ewigkeit des Menschen kann nur verstanden werden als die Eigentlichkeit und Endgültigkeit der sich ausgezeitigt habenden Freiheit.«[20]

In diesem Sinne verweist der antike Tugendbegriff auf die sich prozeßhaft auf endgültige Prägung hin auszeitigende Freiheit. Wie der gelingende sittliche Bildungsprozeß sich der regulativen Idee des Tugendhaften annähert, so führt der mißlingende schuldhaft in die *Lasterhaftigkeit,* in welcher das pflichtwidrige Handeln zur zweiten Natur, zum erworbenen Habitus wird. Die Vollendung des Menschseins ist die der Freiheit überantwortete moralische Aufgabe, die erfüllt und verfehlt werden kann.

Es kann hier nicht der Ort sein, auf die großen Tugendlehren der Tradition näher einzugehen[21]. Nur kurz sei hingewiesen auf die von *Platon*[22] begründete Theorie der *Kardinaltugenden,* in welcher das moralische Ziel einer gesamtmenschlichen Harmonie systematisch entfaltet wird. *Platon* nennt diese harmonische Ordnung des vollendeten und damit guten Menschseins *Gerechtigkeit.* Sie entsteht, wenn jede Kraft im Menschen das Ihre tut. Die zur *Weisheit* geläuterte Vernunft nimmt die mutartigen Kräfte, die man heute vielleicht als Kräfte der Aggressivität fassen könnte, in ihren Dienst, so daß sie trotz aller Widerstände *tapfer* auf das Vernunftgemäße hinwirken und die Begierden *besonnen mäßigen.* Die Bezeichnung »Kardinaltugenden« für das »Viergespann« (*J. Pieper*) Weisheit *(sophía, sapientia),* Gerechtigkeit *(dikaiosýne, iustitia),* Tapferkeit *(andreía, fortitudo)* und Besonnenheit *(sophrosýne, temperantia)* stammt von *Ambrosius von Mailand,* der damit ausdrücken wollte, daß es sich bei diesen Tugenden um die Haupttugenden, gewissermaßen um die Angeln und Drehpunkte *(cardines)* des sittlichen Lebens handelt.

---

[19] *Karl Rahner,* Grundkurs des Glaubens, Freiburg – Basel – Wien 1976, 49.
[20] Ebd. 50.
[21] Besonders verwiesen sei auf die bei Kösel, München, erschienenen Schriften von *Josef Pieper* über die Tugenden, so z. B. Traktat über die Klugheit, [7]1965; – Über die Gerechtigkeit, [4]1965; – Über die Hoffnung, [7]1977; – Über die Liebe, [5]1984; – Das Viergespann. Klugheit – Gerechtigkeit – Tapferkeit – Maß, 1977.
[22] *Platon,* Politeia IV, 6–19.

Aristoteles verfolgt die Vierzahl der Kardinaltugenden nicht weiter. Grundlegend für seine Tugendlehre ist die Unterscheidung zwischen den *dianoetischen* Tugenden, welche die habituell vollendete Funktion der Vernunft in sich selbst betreffen, und den *ethischen* Tugenden, in welchen es darum geht, daß die Vernunft habituell über die sinnlichen (mutartigen und begehrenden) Leidenschaften herrscht und sie gestaltet. Die ethischen Tugenden machen das vernunftgemäße, sittliche Handeln zur zweiten Natur des Menschen. Sie sind jeweils die Mitte zwischen lasterhaften Fehlhaltungen. Der Stagirite entfaltet die Tafel der ethischen Tugenden als eine farbige Differenzierung der Charaktereigenschaften des sittlich guten Menschen im Kontext des gesellschaftlichen Lebens.

Thomas von Aquin entwickelt seine spezielle Moral[23] auf der Basis eines umfassenden Systems der Tugenden, wobei er die Kardinaltugenden *Platons* in modifizierter Weise rezipiert, sie mit den theologischen Tugenden der christlichen Tradition (Glaube, Hoffnung, Liebe) verbindet und die ethischen Tugenden des *Aristoteles* einbaut. Da nach *Aristoteles* die Klugheit *(phrónesis, prudentia)* als Tugend der praktischen Vernunft die für das Handeln maßgebliche dianoetische Tugend ist, rückt sie (anstelle der Weisheit) in die Vierzahl der Kardinaltugenden. Systematisch ist der Aquinate bestrebt, das ganze System der Tugenden anthropologisch zurückzubinden in das System der vernunftartigen und der sinnlichen Fähigkeiten und Kräfte (Potenzen) des Menschen, so daß der vollendete, gute bzw. tugendhafte Mensch in seiner Praxis habituell das voll entfaltete Menschsein verwirklicht.

In neuerer Zeit wurde vor allem die Tugendlehre Nikolai *Hartmanns*[24] bedeutsam, der in seiner Tugendtafel antikes und christliches Tugenddenken zu integrieren und weiterzuentwickeln suchte.

---

[23] *Thomas,* STh II.II.
[24] Vgl. S. 54, Anm. 8.

12. Glück

Eine weitere Spannung zwischen den ethischen Positionen von *Aristoteles* (sowie *Thomas*) und *Kant* betrifft die Bedeutung des Glücks in der Ethik. *Aristoteles* faßt das Glück *(eudaimonía, beatitudo)* als das in aller Praxis erstrebte Ziel, also das Worumwillen von Praxis überhaupt. Das Glück ist »im Gebiete des Handelns das höchste Gut«, nach welchem »alles Wissen und Wollen nach einem Gute« zielt[1]. Auch nach *Thomas* will der Mensch, was immer er will, um eines letzten Zieles willen; dieses letzte Ziel aber ist das Glück[2]. *Kant* bezeichnete eine Position, in welcher nur das Glück Triebfeder des Handelns ist, als *Eudämonismus*. Er faßt den springenden Punkt seiner Eudämonismuskritik folgendermaßen zusammen: »Nun sagt der *Eudämonist*: diese Wonne, diese Glückseligkeit ist der eigentliche Bewegungsgrund, warum er tugendhaft handelt. Nicht der Begriff der Pflicht bestimme *unmittelbar* seinen Willen, sondern nur *vermittelst* der im Prospekt gesehenen Glückseligkeit werde er bewogen, seine Pflicht zu tun.«[3] Ein so verstandener eudämonistischer Standpunkt verfehlt nach *Kant* notwendig den eigenständigen Sinnanspruch der Moralität und verbleibt auf dem Niveau der materialen, subjektiven, hypothetischen und heteronomen Motivation. Allerdings wendet sich die Eudämonismuskritik *Kants* nicht primär gegen *Aristoteles* und *Thomas*, sondern gegen die hedonistische Ethik im Zeichen des britischen Empirismus, wo die Lust-Unlust-Motivation in der Tat als ausschließliche Triebfeder der Praxis gefaßt wurde.

Aristoteles unterscheidet scharf zwischen Glück *(eudaimonía)* und Lust *(hedoné)*. Das Glück des Menschen besteht letztlich in einer Praxis, in welcher sich die vollkommenste Fähigkeit des Menschen hinsichtlich ihres vollkommensten Gegenstandes vollendet. Die vollkommenste Fähigkeit des Menschen ist aber nach *Aristoteles* die Vernunft, so daß das Glück des Menschen in der vernunftgemäßen, vernünftigen Tätigkeit besteht. Nur dann ist das Glück als »Endziel allen

---

[1] *Aristoteles*, NE I, 2, 1059a 14–18.
[2] *Thomas*, STh I.II. 1,6.
[3] *Kant*, MST A VIII.

Handelns« »ein Vollendetes und sich selbst Genügendes«[4]. Wenn also »das eigentümliche Werk und die eigentümliche Verrichtung des Menschen in vernünftiger oder der Vernunft nicht entbehrender Tätigkeit der Seele besteht« und wenn »als gut gilt, was der eigentümlichen Tugend oder Tüchtigkeit des Tätigen gemäß ausgeführt wird, so bekommen wir nach alledem das Ergebnis: das menschliche Gut ist der Tugend gemäße Tätigkeit der Seele, und gibt es mehrere Tugenden: der besten und vollkommensten Tugend gemäße Tätigkeit«[5]. Die beiden vollkommensten Gegenstände der Vernunft sind aber nach Aristoteles einerseits *die in reiner Theorie zu erfassende Wahrheit an sich*, was in christlicher Rezeption zum Begriff der glückseligen Schau Gottes im ewigen Leben, also zur *visio beatifica* führte, und andererseits die *Gerechtigkeit in der Polis*, das gute Leben und Handeln in Gesellschaft und Staat. Das Glück des Menschen besteht also entweder im theoretischen Leben *(bíos theoretikós)* oder im praktischen Leben *(bíos praktikós)*, das im vernunftgemäßen, tugendhaften Mitwirken an den Institutionen der Gesellschaft und der Polis besteht. Während sich der Weise im theoretischen Leben gewissermaßen selbst genügt und darum keiner ethischen Tugend bedarf, gibt es das Autarke, Vollendete und sich selbst Genügende im praktischen Leben erst auf der Ebene der Polis. Der gesellschaftliche Aufbau der Polis ist das eigentliche Feld des Ethos. Das Glück des praktisch Lebenden besteht demnach in der vernunftmäßigen Tätigkeit im Haus, in der Freundschaft, in der Nachbarschaft und im Politischen. Es verwirklicht sich in den vernünftigen und gerechten Sinnansprüchen des sozialen und politischen Lebens.

Die im Zeichen der Sinnlichkeit stehende *Lust (hedoné)* ist für *Aristoteles* gerade nicht Triebfeder des vernunftgemäßen, glückhaften Handelns. Er beurteilt die Menge, welche »das höchste Gut und das wahre Glück in die Lust« setzt, als »knechtisch gesinnt, indem sie dem Leben des Viehs den Vorzug gibt«[6]; denn sie begnügt sich mit dem, was Mensch und Tier gemeinsam besitzen, ohne sich um das Vernunftgemäße zu kümmern, das die dem Menschen als Menschen eigentümliche Motivation darstellt. Nicht wegen der (sinnlichen) Affekte werden wir »tugendhaft oder lasterhaft genannt« sowie »gelobt und getadelt«, sondern wegen unserer »Akte der Selbstbestimmung«[7]. Darum bedarf auch das Leben des Tugendhaften, wie

[4] *Aristoteles,* NE I, 5, 1097b 21f.
[5] NE I, 6, 1098a 6–18.
[6] NE I, 3, 1095b 15–20.
[7] NE II, 4, 1105b 30–1106a 4.

wir bereits sahen, »der Lust nicht wie einer äußeren Zugabe, sondern es hat dieselbe schon in sich«[8]. Insofern ist – in der Sprache *Kants* formuliert – das Handeln des Tugendhaften bei *Aristoteles* durchaus ein Handeln *aus Pflicht*, aber *mit Neigung* bzw. lustvoll. Auf Grund der moralisch relevanten Erziehbarkeit der Affekte, von der im Zusammenhang mit dem Tugendbegriff die Rede war, kann das Leben des Tugendhaften, wenn die äußeren Verhältnisse günstig sind, zugleich ein lustvolles Leben sein. Das Vernunftgemäße motiviert, und wenn die Verhältnisse stimmen, ist es zugleich *(concomitanter)* genußvoll. Das Glück als höchstes Gut und letztes Ziel, als vollendete Entfaltung des Menschseins, umfaßt beides: das Vernunftgemäße, das motiviert, und die Lust, mit der es an sich verbunden ist, weil der Tugendhafte als Liebhaber der Tugend an tugendhaften Handlungen Freude hat.

Kant neigt dazu, Eudämonismus mit Hedonismus zu identifizieren. Das ist angesichts seiner Frontstellung gegenüber der hedonistisch orientierten empiristischen Ethik verständlich. Dazu kommt, daß *Kant* die im klassischen Tugendbegriff thematisierte moralische Aufgabe einer Erziehung der Affekte bzw. Neigungen zur Vernunftgemäßheit kaum berücksichtigt. Dennoch besteht hinsichtlich der Bedeutung des Glücks in der Ethik zumindest kein prinzipieller Gegensatz zwischen *Aristoteles* und *Kant*. Nach *Kant* umfaßt das *höchste Gut*, das aus apriorischer moralischer Notwendigkeit »durch Freiheit des Willens hervorzubringen« ist[9], *einerseits* »das oberste Gut« als die »völlige Angemessenheit des Willens zum moralischen Gesetz«[10], die auch als Tugend, Sittlichkeit oder Heiligkeit bezeichnet wird und für die Selbstbestimmung aus Freiheit prinzipiell verfügbar ist, und *andererseits* die Glückseligkeit als das »vollendete Gut«[11]. Dabei ist im Begriff des Höchsten das Oberste als Bedingung des Vollendeten, die Sittlichkeit als Bedingung der Glückseligkeit zu denken. Es zeigt sich, »daß sich in praktischen Grundsätzen eine natürliche und notwendige Verbindung zwischen dem Bewußtsein der Sittlichkeit, und der Erwartung einer ihr proportionierten Glückseligkeit, als Folge derselben, wenigstens als möglich denken [. . .] lasse; [. . .] daß also das *oberste* Gut (als die erste Bedingung des höchsten Guts) Sittlichkeit, Glückseligkeit dagegen zwar das zweite Element desselben ausmache, doch so, daß diese nur die moralisch-bedingte,

---

[8] NE I, 9, 1199a 15f.
[9] *Kant*, KpV A 203.
[10] A 220.
[11] A 198–203.

aber doch notwendige Folge der ersteren sei. In dieser Unterordnung allein ist das *höchste* Gut das ganze Objekt der reinen praktischen Vernunft [. . .].«[12] Dabei ist allerdings nur die Sittlichkeit als Bedingung (zumindest prinzipiell) in unserer Gewalt, nicht aber die durch sie bedingte Glückseligkeit, da »das handelnde vernünftige Wesen in der Welt« »nicht zugleich Ursache der Welt und der Natur« ist[13].

Die Überlegung, die *Kant* zum Postulat des Daseins Gottes führt, legt im Vergleich zu *Aristoteles* folgende Gesichtspunkte nahe: Zunächst gibt es auch bei *Kant* ein Subordinationsverhältnis von Sittlichkeit und Lust, in welchem Sittlichkeit als Bedingung und Lust als Bedingtes fungiert. Allerdings ist in diesem Subordinationsverhältnis jener Aspekt ausgeklammert, der für den klassischen Tugendbegriff signifikant ist, nämlich daß der Tugendhafte an tugendhaften Handlungen Freude hat, diese also für ihn »an sich mit Lust verbunden« sind. Wir sahen bereits, daß die Frage, ob Handlungen *aus Pflicht* zugleich *mit, ohne oder gegen Neigung* geschehen, für *Kant* letztlich eine Frage des naturkausalen Zufalls ist. Hier liegt eine Differenz zu *Aristoteles*. Andererseits ist die im Glücksbegriff des *Aristoteles* implizierte, der Tugend- bzw. Vernunftgemäßheit subordinierte Lust keineswegs nur eine Frage der zur Vernunftgemäßheit erzogenen Sinnlichkeit des Tugendhaften, sondern immer auch eine Frage der für uns nur äußerst bedingt verfügbaren Verhältnisse[14]. In diesem Punkt steht *Aristoteles* vor der gleichen Problematik wie *Kant*. Aber *Aristoteles* postuliert angesichts dieses Problems keinen theologisch relevanten, notwendigen Zusammenhang im Sinne einer »genauen Übereinstimmung der Glückseligkeit mit der Sittlichkeit«[15]. Ob das Glück des Tugendhaften an den Verhältnissen scheitert oder nicht, ist für *Aristoteles* unverfügbar eine Frage des Zufalls. Das (für *Kant* wie für *Aristoteles*) beide Aspekte umfassende höchste Gut kann auch für den Tugendhaften unerreicht bleiben; aber nur der Tugendhafte hat die Chance, es zu erreichen. *Kant* postuliert das Dasein Gottes, weil es »im Urteile einer unparteiischen Vernunft« unmöglich ist, daß eine Person »der Glückseligkeit bedürftig, ihrer auch würdig, dennoch aber derselben nicht teilhaftig« wird[16]. Weil das Sittengesetz die »Hervorbringung und Beförderung des höchsten Gutes in der Welt«

---

[12] A 214.
[13] A 224.
[14] *Aristoteles,* NE I, 9, 1099a 31–1099b 9 sowie Kap. 11.
[15] *Kant,* KpV A 225.
[16] A 199.

zur Pflicht macht, muß dessen Möglichkeit postuliert werden, deren Bedingung das Dasein Gottes ist[17]. *Aristoteles* läßt diese Möglichkeit des höchsten Gutes in der Welt offen.

Wir können den aristotelischen Begriff der Eudämonie auch im Sinne dessen interpretieren, was mit Ausdrücken wie»Selbstverwirklichung«,»personaler Entfaltung«,»Emanzipation« oder»Verwirklichung der der Freiheit aufgegebenen Humanität« intendiert ist. Moralische Praxis ist demnach ein Tätigsein, in welchem sich das entfaltet und verwirklicht, was der Mensch seinem Wesen und Begriff nach an sich immer schon ist. Während das vormenschliche Leben seine artspezifische Wesensbestimmung in einem von naturaler Entelechie geprägten Prozeß verwirklicht, wie etwa aus einer Eichel eine Eiche wird, wenn nichts dazwischenkommt, erreicht der Mensch die Verwirklichung *(enérgeia)* dessen, was er an sich *(dýnamis)* ist, in der vernunft- und tugendgemäßen Praxis, in welcher sein Worumwillen, sein Ziel *(télos)*, sein höchstes Gut liegt. Glück ist die das Menschsein entfaltende, verwirklichende und vollendende Praxis, wobei die innere Architektonik des Glücks die sinnlichen Affekte (Lust) im Sinne des klassischen Tugendbegriffs der Vernunft subordiniert.

Man könnte in diesem Zusammenhang nochmals das»Prinzip der Selbstliebe« *(Kant)* ins Spiel bringen. Wenn das Glück im dargelegten Sinne, also nicht als Lust, sondern als Eudämonie, Ziel aller Praxis ist, gerät dann die Überlegung nicht doch wieder in den Bereich moralisch wertloser, bloß hypothetischer und subjektiver Verpflichtungen? Ist nicht auch diese aristotelische eudämonistische Motivation egoistisch? Hat also *Kants* Eudämonismuskritik nicht auch gegen *Aristoteles* ihren harten Kern, weil auch das Vollkommenheitsstreben des Tugendhaften dem Prinzip der Selbstliebe unterliegt?

Aristoteles setzt sich mit dieser Frage auseinander[18]. Er unterscheidet *zwei Arten der Selbstliebe*, die sich durch das unterscheiden, was man im praktischen Leben für sich erstrebt. Tadel verdient die Selbstliebe jener,»die für sich selbst an Geld, Ehre und sinnlicher Lust zu viel beanspruchen«, denn die»von den genannten Dingen nie genug haben können, sind willfährige Knechte ihrer sinnlichen Lüste und überhaupt ihrer Leidenschaften und des vernunftlosen Seelenteils«[19]. Diese Selbstliebe, die den hedonistischen Egoisten kennzeichnet, verfehlt also grundsätzlich jenes höchste Gut, welches Ziel und Glück

---

[17] A 226f.
[18] *Aristoteles,* NE IX, 8.
[19] 1168b 15–21.

des Menschseins ist. Ganz anders verhält es sich jedoch mit der anderen Art der Selbstliebe. »Denn wenn jemand immer eifrig bemüht sein sollte, selbst mehr als alle anderen die Werke der Gerechtigkeit, der Mäßigkeit oder sonst einer Tugend zu üben, und wenn er überhaupt das sittlich Schöne immer für sich in Anspruch nähme, so würde bei einem solchen Manne niemand von Selbstliebe reden und niemand ihn tadeln. Und doch kann man sagen, daß er diese Eigenschaft noch in höherem Grade besitzt. Beansprucht er doch für sich das Schönste und Beste, dient gern dem vornehmsten Teil seines Selbst und gehorcht ihm in allem.«[20]

Sehen wir vom Sonderfall des theoretischen Lebens bei *Aristoteles* ab, so ergibt sich folgendes: Die ethischen Tugenden des praktischen Lebens stellen die Praxis in den Kontext gesellschaftlicher und politischer Bezüge. Das Wohl anderer, das gemeinsame und allgemeine Wohl, beansprucht in ihnen den Vorrang vor den bloß subjektiven Interessen. Damit aber eröffnen die ethischen Tugenden jene vernunftgemäßen Sinnansprüche der Praxis, in welchen sich das Menschsein im Vollsinn entfalten, verwirklichen und vollenden kann. Was wir die eigene Vollkommenheit, die Selbstverwirklichung, die personale Entfaltung, die Emanzipation oder die Verwirklichung der unserer Freiheit aufgegebenen Humanität nennen können, eben die Eudämonie im Sinne des *Aristoteles*, realisiert sich nur in einer Praxis, die von den subjektiven Eigeninteressen, von der Lust als Triebfeder, absieht und an den institutionalisierten und nicht-institutionalisierten Bereichen des gesellschaftlichen und politischen Lebens und damit am Wohl der anderen mitwirkt. Ein bekanntes Wort des Neuen Testaments gewinnt unabhängig von der Sinnebene des Glaubens bereits im Raum der aristotelischen Ethik zentrale Bedeutung. Es lautet nach Lk 17,33: »Wer sein Leben zu bewahren sucht, wird es verlieren; wer es dagegen verliert, wird es gewinnen.« Das heißt: Wir erreichen das Glück der Selbstverwirklichung genau insofern, als wir in unserer Praxis von unseren subjektiven Eigeninteressen, also von der Motivation des hedonistischen Egoisten, absehen und uns einsetzen für das Wohl der anderen, für die Güter und Werte des gesellschaftlichen und politischen Lebens, die uns die praktische Vernunft qua Gewissen als objektiv notwendig vor Augen stellt. Solange wir bloß hedonistisch motiviert sind, nur unseren subjektiven Vorteil verfolgen und lediglich hypothetischen Imperativen gehorchen, so lange

[20] 1168b 25–31.

verfehlen wir das Glück, welches das Worumwillen des Menschseins ist. Diese alte Einsicht wurde neuerdings etwa durch den Begründer der Logotherapie, Viktor E. *Frankl*[21], in Erinnerung gerufen: Je mehr wir auf uns selbst schauen und je mehr es um uns selbst geht, desto mehr verlieren wir uns und desto sinnloser wird unser Leben. Wem es nur um die Lust geht, dem vergeht sie auch schon. Unser Glück erreichen wir am ehesten, wenn es uns nicht um unser Glück geht.

---

[21] *Viktor E. Frankl,* Der Wille zum Sinn. Ausgewählte Vorträge über Logotherapie, Bern ³1983.

13. Sinnstufen und Sinnansprüche

Im Kontext der Praxis können wir unter *Sinn* das *Ausgerichtetsein bzw. die Hinordnung auf ein Ziel* verstehen. Sprechen wir vom Sinn des Menschen, seines Lebens oder seiner Praxis, so meinen wir, daß der Mensch, sein Leben oder seine Praxis auf ein Ziel hin ausgerichtet und hingeordnet sind. Man spricht oft von einem *Sinnapriori* der Praxis, weil wir gar nicht anders handeln können als unter der Voraussetzung, daß wir auf ein Ziel hin ausgerichtet sind. Nach *Thomas* ist jedes Tätige auf ein Ziel hin tätig *(omne agens agit propter finem)*. In der *moralischen* Handlung setzen wir außerdem voraus, daß diese Hinordnung auf ein Ziel hin vernünftigerweise gerechtfertigt ist und insofern verantwortet werden kann.

Es zeigte sich, daß das Ziel der Praxis allgemein mit den Begriffen des Glücks, der Vollkommenheit, der Selbstverwirklichung etc. umschrieben wurde. Das Anliegen, diese allgemeine Bestimmung zu differenzieren, führt zur Frage nach der *sittlich-normativen Differenzierung der Sinnansprüche unserer Praxis*. Dabei verstehen wir unter einem Sinnanspruch den bestimmten Zielbereich unserer Ausrichtung bzw. Hinordnung. In gewisser Hinsicht entspricht die Rede von den Sinnansprüchen der Praxis jener von den natürlichen Hinordnungen *(inclinationes naturales)*, von denen *Thomas* im Rahmen seiner naturrechtsethischen Argumentation spricht. Die Frage nach der Systematik bzw. Architektonik der Sinnansprüche leitet über in die Differenzierung der sittlichen Inhalte und damit in die spezielle Sittenlehre.

Hier kann es nur darum gehen, umrißhaft einen Ansatz einer derartigen Architektonik der Sinnansprüche vorzuschlagen[1]. Im Sinne unserer bisherigen Überlegungen unterscheiden wir zunächst *zwei Sinnstufen*, in welchen der Mensch immer schon praktisch motiviert ist, die Sinnstufe der *Naturalität* und jene der *Humanität*. Wir folgen dabei *Aristoteles*, der im Zusammenhang der Frage nach dem Glück

---

[1] Vgl. dazu: *Erich Heintel,* Gesetz und Gewissen, in: J. Schwartländer (Hrsg.), Modernes Freiheitsethos und christlicher Glaube, München – Mainz 1981, 214–245.

»die eigentümlich menschliche Tätigkeit« von jener unterschied, die der Mensch mit anderen Lebewesen gemeinsam hat[2]. Das dem Menschen als Menschen Eigentümliche motiviert auf der Sinnstufe der Naturalität noch nicht. Es motiviert erst auf jener der Humanität. Auf der Sinnstufe der Naturalität können wir *zwei* Sinnansprüche unterscheiden:

(1) Der *hedonistische Sinnanspruch* geht völlig auf in der Lust-Unlust-Motivation. Man sollte ihn nicht unnötig abwerten. Jeder weiß, wie die Annehmlichkeiten, Bequemlichkeiten und Vergnügungen des Lebens unser Dasein verschönen und bereichern können. Dennoch zeigten unsere bisherigen Überlegungen, daß es sich hier um den niedrigsten Sinnanspruch der Praxis handelt. Der konsequente Hedonismus, der die Sinnproblematik des Menschseins im hedonistischen Sinnanspruch aufgehen läßt, scheitert letztlich immer an der negativen Lust-Unlust-Bilanz; denn alle Lust will – in einem freilich vergeblichen und unerreichbaren Willen – Ewigkeit[3]. Er ist aber genau insofern zugleich menschenunwürdig, weil er den Sinn des Menschseins auf einem vormenschlichen, naturalen Niveau festzulegen sucht. Insofern verspottet *Aristoteles* den sagenhaft reichen König *Assurbanipal* von Ninive, der sich in seinem Grabepigramm rühmt, jetzt zu besitzen, was er gegessen und in Erfüllung der Liebeslust genossen habe. *Aristoteles* schreibt:»Auf das Grab eines Rindes hätte man nichts anderes schreiben können.«[4]

(2) Der *biologische Sinnanspruch* gehört ebenfalls der naturalen Sinnstufe an, ist aber höher einzuschätzen als die bloße Lust-Unlust-Motivation. Was hier motiviert, ist die Erhaltung des physischen Lebens und der Gesundheit. Nach Max *Scheler*[5] geht es hier um das Lebensgefühl der Vitalität bzw. um den Wert des Vitalen als solchen. Um Leben und Gesundheit zu erhalten, müssen wir oft die Lust-Unlust-Motivation einschränken, und es ist zweifellos richtig und vernünftig, das zu tun. Man kann darüber streiten, ob bereits von Moralität im strikten Sinne die Rede sein kann, wenn etwa der Gesundheit der Vorrang vor diesem oder jenem ungesunden Lustgewinn eingeräumt wird. Oft fällt eine derartige Motivation einfach in den Hedonismus zurück, etwa wenn ich ungesunde Praktiken nur darum ein-

---

[2] *Aristoteles,* NE I, 6, 1097b 24–1098a 5.
[3] *Heintel,* Gesetz und Gewissen, a. a. O. 217.
[4] Vgl. *Cicero,* Tusc. V 35, 101; vgl. *Aristoteles,* NE I, 3. 1095b 22.
[5] *Max Scheler,* Der Formalismus in der Ethik und die materiale Wertethik, Gesammelte Werke Bd. II, Bern ³1983, 126ff.

schränke, um die Unlust der Krankheit zu vermeiden. Moralisch wird das Bemühen um Leben und Gesundheit vermutlich erst dann, wenn ein Sinnanspruch der Sinnstufe der Humanität motiviert. Wer die Sinnproblematik seines Daseins im Sinnanspruch des Biologisch-Vitalen abschließt, unterbietet damit ebenso wie der Hedonist die Sinnstufe der Humanität. Es ist zu hoffen, daß der beliebte Neujahrswunsch »Hauptsache Gesundheit!« nicht immer ganz wörtlich genommen wird. Die Erhaltung von Leben und Gesundheit bestimmt in artspezifischer Weise das Verhalten aller Lebewesen. Lust und Unlust bestimmen das Verhalten aller Animalien. Solange sich die Praxis innerhalb der naturalen Sinnansprüche bewegt, ist die dem Menschen als Menschen eigentümliche Motivation und Tätigkeit, die der autonomen Selbstbestimmung aus Vernunft folgt, noch nicht in Sicht gekommen. Wir können die *Sinnstufe der Humanität*, die jene der Naturalität auf dieses dem Menschen Eigentümliche hin übersteigt, im Anschluß an *Kant* durch die Unterscheidung der beiden »Zwecke, die zugleich Pflichten sind«, gliedern, nämlich die *eigene Vollkommenheit* und das *Glück der Mitmenschen* (»fremde Glückseligkeit«)[6]. Wir können weiters die eigene Vollkommenheit im Sinne der lobenswerten Selbstliebe bei *Aristoteles* interpretieren, von der die Rede war: Machen wir uns den Zweck der eigenen Vollkommenheit zur Pflicht, so involviert er notwendigerweise zugleich das Engagement für das Glück der Mitmenschen und das allgemeine Wohl; denn wir können im praktischen Leben nur so nach Vollkommenheit streben, daß wir uns für die Sinnansprüche des Mitmenschlichen, Sozialen und/oder Politischen engagieren.

(1) *Der Sinnanspruch der eigenen Vollkommenheit.* Nach *Kant* umfaßt dieser Sinnanspruch *zwei Seiten*. Einerseits die »Kultur aller Vermögen überhaupt, zu Beförderung der durch die Vernunft vorgelegten Zwecke«[7]. Insofern ist es Pflicht des Menschen, »sich aus der Rohigkeit seiner Natur, aus der Tierheit (quoad actum), immer mehr zur Menschheit, durch die er allein fähig ist, sich Zwecke zu setzen, empor zu arbeiten: seine Unwissenheit durch Belehrung zu ergänzen und seine Irrtümer zu verbessern, und dieses ist ihm nicht bloß die technisch-praktische Vernunft zu seinen anderweitigen Absichten (der Kunst) *anrätig*, sondern die moralisch-praktische *gebietet* es ihm

---

[6] *Kant*, MST A 7–18.
[7] A 23.

schlechthin und macht diesen Zweck ihm zur Pflicht, um der Menschheit, die in ihm wohnt, würdig zu sein«[8]. Andererseits geht es um die »Kultur seines Willens bis zur reinesten Tugendgesinnung«[9]. Im Rückgriff auf den klassischen Tugendbegriff geht es hier zugleich um die Erziehung der Leidenschaften, Affekte, Neigungen und Gefühle auf deren Vernunftgemäßheit hin, wodurch der Mensch zum »Liebhaber des sittlich Guten«[10] wird und an sittlich guten Handlungen Freude hat. Von hier aus eröffnet sich die bereits erörterte Perspektive des moralischen Bildungsprozesses.

(2) *Der Sinnanspruch des Glücks der Mitmenschen.* Er differenziert sich in die ganze Fülle des gesellschaftlichen Lebens. Man denke an die Hilfsbereitschaft gegenüber dem je Nächsten, aber auch an das Engagement in Freundschaft, Ehe, Familie, Erziehung, Kultur, Wirtschaft, Politik und Recht. Das Engagement in allen diesen Bereichen kann moralisch relevante Praxis sein, wenn es *aus Pflicht* erfolgt. Es kann sich aber auch auf der Ebene des hedonistischen Sinnanspruchs vollziehen und ist in diesem Fall moralisch wertlos. Wer etwa in der Wirtschaft primär subjektive Gewinninteressen verfolgt oder in der Politik primär Macht und Ansehen anstrebt, handelt nicht *aus Pflicht*; seine Triebfeder liegt in der Lust-Unlust-Motivation. Nur wer in diesen Bereichen aus einer Motivation handelt, die sich aus einer formalen, objektiven, kategorischen und autonomen Verpflichtung versteht, etwa aus dem Streben nach Gerechtigkeit und Liebe, handelt in diesen Bereichen moralisch und verwirklicht in ihnen die der Freiheit aufgegebene Humanität.

Erst auf der Sinnstufe der Humanität kommt die Sinnebene der *Moralität* im eigentlichen Sinne ins Spiel, die, wie sich zeigte, von der hedonistischen Motivation ebenso unterboten wird wie von der biologischen. Dabei erweist sich der eigenständige Anspruch der Moralität als ein durch nichts relativierbarer, absoluter Standpunkt. Er transzendiert alles, »was uns im Leben gelingen oder mißlingen kann, bzw. was wir in ihm bewirken oder erleiden«[11]. Das in der Moralität zu erwirkende höchste Gut relativiert seinerseits auch das Leben, das nicht »der Güter höchstes« ist, während die Schuld sich auf dieser Sinnstufe als »der Übel größtes« (*Schiller*) erweist. In diesem Sinne läßt *Platon* den gefangenen *Sokrates* sagen, nicht leben habe am höch-

---

[8] A 15.
[9] Ebd.
[10] *Aristoteles,* NE I, 9, 1099a 13.
[11] *Heintel,* Gesetz und Gewissen, a. a. O. 220.

sten zu gelten, sondern recht leben; und die Möglichkeit, sterben zu müssen oder was immer zu erdulden, dürfe nicht in Anschlag gebracht werden gegen das Unrechttun[12].

Obwohl sich der Anspruch der Moralität auf der Sinnstufe der Humanität insofern als absolut erweist, stellt sich die Frage, *ob sich die Sinnproblematik des Menschseins auf dieser Ebene abschließen läßt.* Zweifellos ist es faktisch möglich, die Sinnproblematik im Streben nach eigener Vollkommenheit und im Engagement für das Glück der Mitmenschen (Gerechtigkeit und Liebe) abzuschließen. Die menschliche Kultur kennt jedoch eine Sinnstufe, welche den eigenständigen Anspruch der Moralität zwar durchaus kennt und anerkennt, ihn aber nochmals transzendiert auf eine weitere Bewandtnis der Absolutheit hin. Es ist der Sinnanspruch des Glaubens.

---

[12] *Platon,* Kriton 8 und 9.

14. Ethik und Glaube

Zum Schluß soll in vier kurzen Überlegungen aufgewiesen werden, wie von der Problematik des Ethischen her der Sinnanspruch des Glaubens in Sicht gebracht werden kann und auch tatsächlich in Sicht gebracht wurde. Es geht dabei um die Grenzsituationen (Karl *Jaspers*), an welchen wir scheitern und die zugleich Chiffren der Transzendenz werden können.

(1) *Die unabschließbare Transitivität des Sinns.* In prägnanter Weise faßt *Thomas* das Problem zusammen: »Was immer ein Mensch will, will er unter dem Gesichtspunkt eines Gutes. Wird nun etwas erstrebt, was nicht ein vollkommenes Gut und damit das letzte Ziel ist, so wird es notwendigerweise erstrebt als etwas, was auf das vollkommene Gut hingeordnet ist. Denn immer ist der Anfang von etwas auf dessen Vollendung hingeordnet.«[1] Seit der Eros-Lehre *Platons*[2] wurde dieser Gedanke immer wieder vorgetragen. Aus dem Sinnapriori unserer Praxis scheint zu folgen, daß die endlichen, vorläufigen Sinnansprüche notwendigerweise auf ein letztes Sinnziel hin interpretiert werden, das dann als die Vollendung, das Glück etc. gefaßt wird. Nur auf dieses letzte Sinnziel hin hat all das Vorläufige, das motiviert, letztlich Sinn. *Thomas* präzisiert diesen Zusammenhang: »In den Zielen gibt es eine doppelte Ordnung, nämlich eine Ordnung des Intendierens *(ordo intentionis)* und eine Ordnung der Ausführung *(ordo executionis).* In jeder der beiden Ordnungen muß es ein Erstes geben. Das Erste in der Ordnung des Intendierens ist gleichsam das Prinzip, welches das Streben in Bewegung setzt. Ohne dieses Prinzip würde das Streben von nichts bewegt. Prinzip im Rahmen der Ausführung ist das, womit das Handeln beginnt. Ohne dieses Prinzip würde niemand beginnen, etwas zu tun. Prinzip des Intendierens ist aber das letzte Ziel, Prinzip der Ausführung ist das Erste, das auf das Ziel hingeordnet ist. In beiden Hinsichten ist es unmöglich, ins Unendliche fortzuschreiten. Gäbe es nämlich kein letztes Ziel, so würde nichts erstrebt, kein Handeln käme an sein Ende und das

---

[1] *Thomas,* STh I.II. 1, 6.   [2] *Platon,* Symposion 26–29.

90

Intendieren des Handelnden fände keine Ruhe. Gäbe es aber kein Erstes innerhalb dessen, was auf das Ziel hingeordnet ist, so begänne keiner, etwas zu tun, und die praktische Überlegung käme zu keinem Ende.«[3]

Man kann dieses Problem des in aller Praxis apriorisch vorausgesetzten Endziels in zwei Richtungen thematisieren:

Einerseits geht es um das Problem unseres *individuellen Lebens* und damit zugleich des *Todes,* der notwendigerweise in diesem Leben vergegenwärtigt wird. Martin *Heidegger* bringt das Problem des Sinnapriori angesichts des vergegenwärtigten Todes in aller Schärfe zum Ausdruck: In seinem ganzen Leben ist der Mensch handelnd hingeordnet auf sein Ganzsein, auf sein Vollendetsein. Aber solange er lebt, steht dieses Ganzsein aus. Im Tod aber, der das Leben zum Abschluß und damit gewissermaßen zu seiner Ganzheit bringt, schlägt das Ganzsein um in das Nicht-mehr-Sein[4]. Der unvermittelte Tod ist zwar das Letzte in diesem Leben, aber er ist als solcher gerade nicht sein vollendetes Ganzsein, nicht letztes Sinnziel, nicht Prinzip des Intendierens. Ohne die Perspektive einer den Tod übersteigenden Sinnproblematik scheint nur die Konsequenz zu bleiben, die etwa Jean-Paul *Sartre* oder Albert *Camus* vorschlagen: die heroische Übernahme der absurden Existenz.

Andererseits ergibt sich ein analoges Problem, wenn nicht das eigene Leben und sein Ganzseinkönnen angesichts des vergegenwärtigten Todes als maßgeblicher Raum der Transitivität des Sinns bedacht wird, sondern jene Sinnansprüche, die sich auf der Sinnstufe der Humanität ergeben, wenn wir das *Glück der Mitmenschen* als Zweck fassen, der an sich Pflicht ist. Das Problem der Transitivität des Sinns stellt sich dann im Raum von Freundschaft, Ehe, Familie, Erziehung, Kultur, Wirtschaft, Recht und Politik. Im moralischen Engagement für diese Sinnansprüche streben wir danach, Selbstverwirklichung, Glück, Emanzipation für Menschen möglich zu machen. Wir setzen damit immer schon voraus, daß das Menschsein jedes Menschen Sinn hat. Sollte sich jedoch das Menschsein als letztlich sinnlos erweisen, so können wir zwar immer noch in heroischer Moralität trotz aller Absurdität aus Pflicht am Glück der Mitmenschen mitwirken, aber wir können diese Moralität im Grunde nicht mehr vernünftig denken.

---

[3] *Thomas,* STh I.II. 1,4.
[4] *Martin Heidegger,* Sein und Zeit, Gesamtausgabe Bd. II, Frankfurt/M. 1977, 314–327.

Nicht zufällig ist das *Vorhandensein des Grabes* eines der ersten Indizien der Menschwerdung. Die Beigaben des Toten im Grab verweisen auf die Überzeugung eines seinen Tod vergegenwärtigenden Wesens, daß die Transitivität des Sinns den Tod transzendiert und erst jenseits des Todes zu ihrem Abschluß kommt. Auf der Sinnebene des Glaubens läßt sich die Transitivität des Sinns nicht mehr als ausschließliches Problem der Moralität denken, wenn auch der Glaube, der sich vernünftig reflektiert, um den eigenständigen Sinn der Moralität weiß und ihn ernst nimmt. Er weiß aber zugleich auch, daß alle Sinngebung aus moralisch relevanter Praxis nur dann abschließbar ist, wenn sie umgriffen ist von einer Sinngebung, die sich unserer Verfügbarkeit entzieht, da sie vom Mysterium der Transzendenz abhängt. (2) *Die Unverfügbarkeit des Vollendeten.* Wie sich bereits zeigte, umfaßt das höchste Gut bei *Kant* einerseits das Oberste im Sinne der für uns prinzipiell verfügbaren Moralität und andererseits das Vollendete im Sinne des dieser Moralität proportionierten Glücks, das freilich nur in äußerst beschränkter Weise durch Praxis verfügbar ist. In vergleichbarer Weise umfaßt die Eudämonie bei *Aristoteles* einerseits die Vernunft- und Tugendgemäßheit der Praxis und andererseits die Lust, die freilich in bestimmter Hinsicht unverfügbar von den äußeren Verhältnissen abhängt. Für beide Klassiker der Ethik ist es klar, daß wir durch Moralität allein das höchste Gut, das wir verwirklichen *sollen,* nicht verwirklichen *können,* weder im eigenen Leben noch im Raum jener Sinnansprüche, auf die wir im Zusammenleben verwiesen sind. Damit aber geraten wir nach *Kant* in die »Antinomie der praktischen Vernunft«: »Da nun die Beförderung des höchsten Guts, welches diese Verknüpfung [von Moralität und Glückseligkeit] in seinem Begriffe enthält, ein a priori notwendiges Objekt unseres Willens ist, und mit dem moralischen Gesetze unzertrennlich zusammenhängt, so muß die Unmöglichkeit des ersteren auch die Falschheit des zweiten beweisen. Ist also das höchste Gut nach praktischen Regeln unmöglich, so muß auch das moralische Gesetz, welches gebietet, dasselbe zu befördern, phantastisch und auf leere eingebildete Zwecke gestellt, mithin an sich falsch sein.«[5]

Für das Scheitern des höchsten Gutes im Leben individueller Personen liefert das Elend der Hungernden, Gefolterten, Unterdrückten und Ausgebeuteten Beispiele ohne Zahl. Es wäre ebenso absurd wie aussichtslos, ihr Unglück als proportionierte Folge ihrer Schuldhaftig-

---

[5] *Kant,* KpV A 205.

keit denken zu wollen. Die Antinomie dieses Scheiterns verdeutlichte sich in unserer Tradition vor allem an zwei Schicksalen: *Sokrates,* der mit allen Konsequenzen bestrebt war, seinem Gewissen, seinem *daimonion,* zu folgen, war ein Mann, »an dessen Adel kein Zeitgenosse, den wir kannten, reichte. Sein Wesen war lautere Weisheit und Gerechtigkeit.«[6] Aber er mußte als ein zum Tode verurteilter Greis den Giftbecher trinken. *Jesus von Nazaret,* » der die Sünde nicht kannte« (2 Kor 5,21), »heilig, schuldlos, unbefleckt, abgesondert von den Sündern« (Hebr 7,26), wurde zu einem ebenso schmachvollen wie grausamen Tod verurteilt. Aber auch die Sinnansprüche menschlichen Zusammenlebens sind von der antinomischen Tragik dieses Scheiterns betroffen. Man denke an das Scheitern von Ehen, Familien, aber auch Unternehmen, Projekten und Kulturen, an die Leidenswege ganzer Völker und den Untergang grandioser staatlicher Gebilde. Auch hier wäre es sinnlos, die Tragik dieses Scheiterns aus der moralischen Schuld der Betroffenen erklären zu wollen. *Hegel* spricht von der Geschichte als »Schlachtbank«[7].

Auch angesichts dieser Perspektive gerät die praktische Vernunft in die von *Kant* formulierte Antinomie. Erweist sich die Verwirklichung des höchsten Gutes angesichts der »Schlachtbank« nicht als schlechtweg unmöglich? Sind Anspruch und Anstrengung der Moralität nicht immer schon überholt und ad absurdum geführt angesichts der Aussichtslosigkeit, Gerechtigkeit, Humanität und Glück in der Welt zu etablieren? Erweist sich unter diesen Umständen das moralische Gesetz nicht tatsächlich als »phantastisch und auf leere eingebildete Zwecke gestellt, mithin an sich falsch«? Die Auflösung dieser Antinomie führt *Kant* zu den Postulaten der Unsterblichkeit und des Daseins Gottes.

Trotz der unabweisbaren Tragik und der penetranten Schlachtbankbewandtnis innerzeitlichen Geschehens weiß der Gläubige Gott als den Garanten der Möglichkeit des höchsten Gutes und damit zugleich des Sinnes von Moralität. Trotz Tragik und Schlachtbank kann der Gläubige an der je größeren Gerechtigkeit mitwirken, weil er das Kommen des Reiches Gottes erwartet, das sich durch seine Praxis hindurch innerzeitlich ankündigen will, um sich endzeitlich zu vollenden. Die Perspektive des Kreuzes ist dann – praktisch relevant – an die Perspektive der Auferstehung gebunden.

---

[6] *Platon,* Phaidon 67, 118a.
[7] *Hegel,* Vorlesungen über die Philosophie der Geschichte, Werke (Glockner) Bd. XI, 49.

(3) *Das Problem der Schuld.* Faktisch scheitern wir nicht nur an der Unverfügbarkeit äußerer Umstände, sondern auch in der uns an sich verfügbaren Moralität als solcher. Das aristotelische Ideal der Tugendhaftigkeit und das kantische Ideal der Heiligkeit werden in unserer Praxis alltäglich schuldhaft unterboten. Was in christlicher Tradition *peccatum originale* heißt, Erbsünde, läßt sich – zumindest teilweise – in der Reflexion der praktischen Philosophie rekonstruieren: Das schuldhafte, böse Handeln erhält auf Grund der existentialen Gesellschaftlichkeit und Geschichtlichkeit des Menschen eine Tragweite, die es über den Handelnden hinaus bedeutsam werden läßt. Es erwirkt in der Gesellschaft so etwas wie ein Klima der Schuld und in der Geschichte eine Tradition der Schuld, wobei dieses Klima und diese Tradition durch jedes schuldhafte Handeln neu bestätigt und gefestigt werden. Da der Mensch in dieses Klima und in diese Tradition hineingeboren wird und sie in seiner Sozialisation in sich aufnimmt, gerät er selbst in eine *Hinneigung zum Bösen,* die zwar niemals die Moralitätsbewandtnis der Verantwortlichkeit aufhebt, aber doch ständig dazu führt, daß er in dieser Verantwortungssituation faktisch versagt und schuldig wird. *Paulus* schildert diese Erfahrung:»Ich erkenne also das Gesetz, daß in mir das Böse vorhanden ist, obwohl ich das Gute will. Denn in meinem Innern freue ich mich am Gesetz Gottes, ich sehe aber ein anderes Gesetz in meinen Gliedern, das mit dem Gesetz meiner Vernunft im Streit liegt und mich gefangenhält im Gesetz der Sünde...«(Röm 7,21–23). Hier ist auch an *Kants* Versuch zu erinnern, aus der generellen Erfahrung des Ungenügens der strikt moralischen Triebfeder innerhalb der menschlichen Praxis einen»Hang zum Bösen in der menschlichen Natur«[8] aufzuweisen und damit den theologischen Topos des *peccatum originale* philosophisch zu rekonstruieren.

Auf diesem Hintergrund machen wir die Erfahrung, *daß wir aus Moralität allein nicht gut und gerechtfertigt sein können.* So unabweisbar der moralische Anspruch des Sittengesetzes auf unsere Verantwortung hinweist, so unausweichlich geraten wir faktisch immer wieder wider besseres Wissen und Gewissen in Schuld. Die Krise des höchsten Gutes der Moralität ist nicht nur bedingt durch die Unverfügbarkeit des Vollendeten, sondern auch durch das schuldhafte Scheitern in dem an sich verfügbaren Obersten, der Tugendhaftigkeit. Damit aber stellt sich die Frage nach der *Rechtfertigung und der*

---

[8] *Kant,* Rel B 20–39.

Erlösung des schuldig gewordenen Menschen, die Frage nach einem *Heil,* das alles transzendiert, was menschliches Handeln im Zeichen der Moralität erwirken kann. Wohl kann der Sinnanspruch des Heils jenen der Moralität nicht suspendieren. Bewährung im Heil kann nur so gedacht werden, daß sie den eigenständigen Sinn von Moralität mitumfaßt. Aber was auf der Sinnebene des Glaubens Gnade und Heil heißt, ist immer schon mehr als alles, was im moralischen »Werk« geleistet und verdient werden kann. Das Scheitern aller Versuche, aus Moralität allein gut und gerechtfertigt zu werden, führt auf der Sinnebene des Glaubens dazu, Rechtfertigung und Erlösung nicht auf Grund eigener moralischer Würdigkeit, sondern auf Grund der Gnade des heilwirkenden Gottes zu erhoffen. Aber eben dadurch kann die Krise, in welche die auf sich selbst gestellte Moralität gerät, überwunden und der Mensch im Heil sich in den eigenständigen Sinn seiner Moralität freigegeben wissen.

(4) *Der Anspruch des Gewissens. Kant* beendet seine »Grundlegung zur Metaphysik der Sitten« mit dem Satz: »Und so begreifen wir zwar nicht die praktische unbedingte Notwendigkeit des moralischen Imperativs, wir begreifen aber doch seine *Unbegreiflichkeit,* welches alles ist, was billigerweise von einer Philosophie, die bis zur Grenze der menschlichen Vernunft in Prinzipien strebt, gefordert werden kann.«[9] Es geht also um die Frage, wie der absolute und kategorische Anspruch zu erklären ist, den wir als »Faktum der Vernunft« in uns entdecken und der für jedes Gewissen und für alle Moralitätsbewandtnis überhaupt konstitutiv ist.

Die Frage ist uralt. *Sokrates* beruft sich in seiner Apologie auf sein Gewissen, dessen Stimme er als die Stimme des Gottes versteht. Bei *Thomas* partizipiert die praktische Vernunft qua Gewissen das ewige Gesetz *(lex aeterna).* Auch nach *Kant* führt das moralische Gesetz »zur Erkenntnis aller Pflichten als göttlicher Gebote«[10]. Henry *Newman* schreibt:»Wenn die Ursache dieser Gemütsbewegung [d. h. des Gewissens] nicht dieser sichtbaren Welt angehört, so muß der Gegenstand, auf den ihre Wahrnehmung gerichtet ist, übernatürlich und göttlich sein. So ist das Phänomen des Gewissens als eines Befehls dazu geneigt, dem Geist das Bild eines höchsten Herrschers einzuprägen, eines Richters, heilig, gerecht, mächtig, allsehend, vergel-

---

[9] GMS BA 128.
[10] KpV A 233.

tend.«[11] Dabei ist es bedenkenswert, daß etwa bei Friedrich *Nietzsche* und Sigmund *Freud* gerade im Kontext der Gewissensproblematik die Destruktion des eigenständigen Sinns der Moralität mit dem Anliegen der Religionskritik Hand in Hand geht. Selbst hier wird der Anspruch des Gewissens theologisch interpretiert und verfällt in dieser Interpretation der Destruktion.

Ohne theologische Interpretation des kategorischen Gewissensanspruchs bleibt dieser Imperativ, wie *Kant* sagt, unbegreiflich. Unbegreiflich bleibt aber auch folgendes: Der Mensch weiß sich in seinem Gewissen mit seinem ganzen Leben in Anspruch genommen und auf die Verwirklichung der seiner Freiheit aufgegebenen Humanität hin verpflichtet. Aber dann beendet der Tod in letzter Willkür dieses Leben, ohne daß sich dieses Leben als sinnvolles Ganzes, als »die Eigentlichkeit und Endgültigkeit der sich ausgezeitigt habenden Freiheit« (K. *Rahner*), manifestieren könnte. Der Mensch wäre einerseits radikal in Anspruch und Verantwortung genommen und fiele andererseits willkürlich aus diesem Anspruch heraus. –

Der Gläubige begreift den kategorischen Anspruch des Gewissens als unmittelbarsten Anspruch Gottes auf das ganze Leben, dessen Vollkommenheit und Vollendung Gott will, einerseits auf dem Boden der Moralität und andererseits auf dem Boden des Heils als Gnade, wobei beides aufeinander bezogen bleibt. Der Tod wäre dann nicht mehr der willkürlich-sinnlose Schluß des moralisch beanspruchten und in die Verantwortung genommenen Lebens, sondern der Punkt, in welchem sich dieses Leben vor Gott in seiner Eigentlichkeit und Endgültigkeit manifestieren kann und in welchem diesem Leben von Gott her Gerechtigkeit widerfährt.

[11] *John Henry Newman,* Ausgewählte Werke (hrsg. v. M. Laros u. W. Becker) Bd. VIII, Mainz 1969, 77.

Literatur

1. Klassische Texte

Platon (427–347), Apologie, Kriton, Phaidon, Symposion, Gorgias, Politeia (dt.: Sämtliche Werke, 6 Bde., Hamburg 1957 ff.)

Aristoteles (384–322), Nikomachische Ethik (Philos. Bibl. Bd. 5, ⁴1985)

Aurelius Augustinus (354–430), De libero arbitrio – Vom freien Willen (lat.-dt.: Paderborn 1961)

Thomas von Aquin (1224–1274), Summa theologiae, Pars Prima Secundae (I.II.) und Secunda Secundae (II.II.), in: S. Thomae Aquinatis Summa theologiae, 3 Bde. (ed. P. Caramello), Turin 1952 (lat.-dt. in: Die deutsche Thomasausgabe, Salzburg 1933 ff., München – Heidelberg 1941 ff., Heidelberg – Graz – Wien – Köln 1950 ff.)

Expositio in 10 libros ethicorum Aristotelis ad Nicomachum, Turin – Rom 1949

René Descartes (1596–1650), Discours de la méthode (frz.-dt.: Philos. Bibl. Bd. 261, 1969)

John Locke (1632–1704), Essays on the Law of Nature, Oxfort 1970

Benedictus de Spinoza (1632–1677), Ethica ordine geometrico demonstrata – Die Ethik nach geometrischer Methode dargestellt (dt.: Philos. Bibl. Bd. 92, 1976)

David Hume (1771–1776), Enquiry Concerning the Principles of Morals (dt.: Untersuchung über die Prinzipien der Moral, Philos. Bibl. Bd. 199, 1972)

Adam Smith (1723–1790), Theory of Moral Sentiments (dt.: Theorie der ehtischen Gefühle, Philos. Bibl. Bd. 200 a/b, 1985)

Immanuel Kant (1724–1804), Grundlegung zur Metaphysik der Sitten (Philos. Bibl. Bd. 41, 1971)

Kritik der praktischen Vernunft (Philos. Bibl. Bd. 38, 1985)

Metaphysik der Sitten (Philos. Bibl. Bd. 42, 1966)

Die Religion innerhalb der Grenzen der bloßen Vernunft (Philos. Bibl. Bd. 45, ⁸1978)

Georg Wilhelm Friedrich Hegel (1770–1831), Grundlinien der Philosophie des Rechts (Philos. Bibl. Bd. 124/A, 1967)

Arthur Schopenhauer (1788–1860), Die beiden Grundprobleme der Ethik (Preisschrift über die Freiheit des Willens. Preisschrift über die Grundlage der Moral), in: Sämtliche Werke (ed. Löhneysen) Bd. 3, Darmstadt 1962

Sören Kierkegaard (1813–1855), Furcht und Zittern, in: Werke (L. Richter) Bd. 3, Reinbek 1961

Karl Marx (1818–1883), Ökonomisch-Philosophische Manuskripte aus dem Jahre 1844, in: MEW Ergänzungsband 1. Teil, Berlin (Ost) 1973

Friedrich Nietzsche (1844–1900), Jenseits von Gut und Böse; – Zur Genealogie der Moral, in: Werke (Schlechta, München ⁶1969) Bd. 3

Georg Edward Moore (1873–1958), Principia Ethica (dt.: Stuttgart 1970)
Max Scheler (1874–1928), Der Formalismus in der Ethik und die materiale Wertethik, Gesammelte Werke Bd. 2, Bern – München [4]1954
Nicolai Hartmann (1882–1950), Ethik, Berlin [4]1962
Martin Heidegger (1889–1976), Sein und Zeit (vor allem §§ 45–60), Tübingen [11]1967

2. Lexika, Textsammlungen

Historisches Wörterbuch der Philosophie, hrsg. v. Joachim Ritter/Karlfried Gründer, Basel – Stuttart 1971 ff.
Handbuch philosophischer Grundbegriffe, hrsg. v. Hermann Krings/Hans Michael Baumgartner/Christoph Wild, München 1973
Wörterbuch christlicher Ethik, hrsg. v. Bernhard Stoeckle, Freiburg 1975
Geschichtliche Grundbegriffe, hrsg. v. Otto Brunner/Werner Conze/Reinhard Koselleck, Stuttgart 1979 ff.
Lexikon der Ethik, hrsg. v. Ottfried Höffe u. a., München [3]1986
Birnbacher, Dieter/Hoerster, Norbert (Hrsg.), Texte zur Ethik, München 1976
Höffe, Otfried (Hrsg.), Einführung in die utilitaristische Ethik. Klassische und zeitgenössische Texte, München 1975
Oelmüller, Willi (Hrsg.), Materialien zur Normendiskussion, Bd. 1: Transzendentalphilosophische Normenbegründungen, Paderborn 1978; Bd. 2: Normenbegründung – Normendurchsetzung, Paderborn 1978; Bd. 3: Normen und Geschichte, Paderborn 1979
Sandkühler, Hans J./de la Vega, Rafael (Hrsg.), Marxismus und Ethik. Texte zum neukantianischen Sozialismus. Mit einer (2. Auflage: neuen) Einleitung von Hans J. Sandkühler, Frankfurt/M. 1970, 2. Auflage stw 75, Frankfurt/M. 1974

3. Weiterführende Literatur

Apel, Karl-Otto, Transformation der Philosophie, 2 Bde., Frankfurt/M. 1973
Auer, Alfons, Autonome Moral und christlicher Glaube, Düsseldorf [2]1984
Ders., Die Autonomie des Sittlichen nach Thomas von Aquin, in: Christlich glauben und handeln, in: Festschrift f. Josef Fuchs, hrsg. v. Klaus Demmer und Bruno Schüller, Düsseldorf 1977, 31–54
Baumgartner, Hans Michael (Hrsg.), Prinzip Freiheit. Eine Auseinandersetzung um Chancen und Grenzen transzendentalphilosophischen Denkens, Freiburg – München 1979
Beckermann, Ansgar (Hrsg.), Analytische Handlungstheoric, 2 Bde., Frankfurt/M. 1986
Bien, Günther (Hrsg.), Die Frage nach dem Glück (problemata 74), Stuttgart – Bad Cannstatt 1978
Blühdorn, Jürgen (Hrsg.), Das Gewissen in der Diskussion, Darmstadt 1976
Böckle, Franz, Fundamentalmoral, München [4]1985
Ders./Böckenförde, Ernst W. (Hrsg.), Naturrecht in der Kritik, Mainz 1973
Bubner, Rüdiger, Handlung, Sprache und Vernunft. Grundbegriffe praktischer Philosophie, Frankfurt/M. 1981

Edelstein, Wolfgang/Nunner-Winkler, Gertrud (Hrsg.), Zur Bestimmung der Moral. Philosophische und sozialwissenschaftliche Beiträge zur Moralforschung, Frankfurt/M. 1986

Frankena, William K., Ethics, Englewood Cliff/N. J. 1963 (dt.: Analytische Ethik, München [3]1981)

Fuchs, Josef (Hrsg.), Das Gewissen. Vorgegebene Norm verantwortlichen Handelns oder Produkt gesellschaftlicher Zwänge? Düsseldorf 1978

Funkkolleg Praktische Philosophie/Ethik. Studientexte, 3 Bde., hrsg. v. Karl-Otto Apel u. a., Weinheim 1984

Furger, Franz, Anspruch Christi und Handeln des Menschen. Elemente christlicher Lebensgestaltung, Freiburg 1972

Ders., Was Ethik begründet. Deontologie oder Teleologie, Zürich – Einsiedeln – Köln 1984

Gehlen, Arnold, Moral und Hypermoral, Wiesbaden [5]1986

Ders., Urmensch und Spätkultur. Philosophische Ergebnisse und Aussagen, Wiesbaden [5]1986

Ginters, Rudolf, Typen ethischer Argumentation, Düsseldorf 1976

Ders., Werte und Normen. Einführung in die philosophische und theologische Ethik, Göttingen/Düsseldorf 1982

Gölz, Walter, Begründungsprobleme der praktischen Philosophie, Stuttgart 1978

Grewendorf, Günther/Meggle, Georg (Hrsg.), Seminar: Sprache und Ethik. Zur Entwicklung der Metaethik, Frankfurt/M. 1974

Gründel, Johannes, Normen im Wandel. Eine Orientierungshilfe für christliches Leben heute, München [2]1984

Habermas, Jürgen, Moralbewußtsein und kommunikatives Handeln, Frankfurt/M. 1983

Ders., Theorie des kommunikativen Handelns, 2 Bde., Frankfurt/M. 1981

Ders., Vorbereitende Bemerkungen zu einer Theorie der kommunikativen Kompetenz, in: Jürgen Habermas/Niklas Luhmann (Hrsg.), Theorie der Gesellschaft oder Sozialtechnologie – Was leistet die Systemforschung? Frankfurt/M. 1971, 101–141

Hare, Richard M., The Language of Morals, Oxford 1951 (dt.: Die Sprache der Moral, Frankfurt/M. 1982)

Ders., Moral Thinking. Its Levels, Method, and Point, Oxford 1981

Ders., Vernunft und Freiheit, Frankfurt/M. 1982

Heintel, Erich, Was kann ich wissen? Was soll ich tun? Was darf ich hoffen? Wien 1986

Henrich, Dieter, Der Begriff der sittlichen Einsicht und Kants Lehre vom Faktum der Vernunft, in: Gerold Prauss (Hrsg.), Kant. Zur Deutung seiner Theorie von Erkennen und Handeln, Köln 1973, 223–254

Hertz, Anselm u. a. (Hrsg.), Handbuch der christlichen Ethik, 3 Bde., Freiburg – Basel – Wien 1978–82

Höffe, Otfried, Strategien der Humanität. Zur Ethik öffentlicher Entscheidungsprozesse, Frankfurt/M. 1985

Ders., Ethik und Politik. Grundmodelle und -probleme der praktischen Philosophie, Frankfurt/M. 1978

Howald, Ernst, u. a., Geschichte der Ethik vom Altertum bis zum Beginn des 20. Jahrhunderts, München [2]1981

Jonas, Hans, Das Prinzip Verantwortung, Frankfurt/M. 1985

Kamlah, Wilhelm, Philosophische Anthropologie. Sprachkritische Grundlegung und Ethik, Mannheim – Wien – Zürich 1973
Kaulbach, Friedrich, Ethik und Metaethik, Darmstadt 1974
Kerber, Walter (Hrsg.), Sittliche Normen. Zum Problem ihrer allgemeinen und unwandelbaren Geltung, Düsseldorf 1982
Kluxen, Wolfgang, Philosophische Ethik bei Thomas von Aquin, Hamburg ²1980
Korff, Wilhelm, Norm und Sittlichkeit. Untersuchungen zur Logik der normativen Vernunft, Freiburg ²1985
Ders., Wie kann der Mensch glücken? Perspektiven der Ethik, München 1985
Krings, Hermann, System und Freiheit. Gesammelte Aufsätze, Freiburg 1980
Kutschera, Franz von, Grundlagen der Ethik, Berlin 1982
Lenk, Hans (Hrsg.), Handlungstheorien interdisziplinär, 4 Bde., München 1977–80
Lorenz, Konrad, Das sogenannte Böse. Zur Naturgeschichte der Aggression, München 1984
Merks, Karl-Wilhelm, Theologische Grundlegung der sittlichen Autonomie. Strukturmomente eines »autonomen« Normbegründungsverständnisses im lex-Traktat der Summa theologiae des Thomas von Aquin, Düsseldorf 1978
Messner, Johannes, Das Naturrecht, Innsbruck 1966
Mieth, Dietmar/Stachel, Günther, Ethisch handeln lernen. Zu Konzeption und Inhalt ethischer Erziehung, Zürich 1978
Ders., Moral und Erfahrung. Beiträge zur theologisch-ethischen Hermeneutik (Studien zur theologischen Ethik Bd. 2), Freiburg i. Ue. – Freiburg i. Br. ²1982
Patzig, Günther, Ethik ohne Metaphysik, Göttingen ²1983
Pieper, Annemarie, Ethik und Moral. Eine Einführung in die praktische Philosophie, München 1985
Dies., Pragmatische und ethische Normenbegründung, Freiburg – München 1979
Pieper, Josef, Das Viergespann, München 1964
Ders., Über den Begriff der Sünde, München 1977
Pothast, Ulrich (Hrsg.), Seminar: Freies Handeln und Determinismus, Frankfurt/M. 1978
Purtill, Richard L., Grundfragen der Ethik, Düsseldorf 1977
Rahner, Karl, Vom irrenden Gewissen. Über Freiheit und Würde menschlicher Entscheidung, in: Orientierung 43 (1983) 246–250
Rawls, John, A Theory of Justice, Cambridge/Mass. 1971 (dt.: Eine Theorie der Gerechtigkeit, Frankfurt/M. 1979)
Reiner, Hans, Die Grundlagen der Sittlichkeit, Meisenheim ²1974
Ricœur, Paul, Phänomenologie der Schuld, 2 Bde., Freiburg – München 1971
Riedel, Manfred (Hrsg.), Rehabilitierung der praktischen Philosophie, Freiburg Bd. 1: 1971, Bd. 2: 1974
Ritter, Joachim, Gut und Böse – relativ? Freiburg 1979
Ders., Metaphysik und Politik. Studien zu Aristoteles und Hegel, Frankfurt/M. 1977
Scheler, Max, Der Formalismus in der Ethik und die materiale Wertethik, Bonn ⁶1980
Schrey, Heinz H., Einführung in die Ethik, Darmstadt ²1977
Schüller, Bruno, Zur Problematik allgemein verbindlicher ethischer Grundsätze, in: Theologie und Philosophie 45 (1970) 1–23
Ders., Die Begründung sittlicher Urteile, Düsseldorf ²1980

Schwartländer, Johannes, Der Mensch ist Person. Kants Lehre vom Menschen, Stuttgart 1968

Schwemmer, Oswald, Ethische Untersuchungen. Rückfrage zu einigen Grundbegriffen, Frankfurt/M. 1986

Ders., Philosophie der Praxis, Frankfurt/M. 1980

Singer, Marcus G., Generalization in Ethics. An Essay in the Logic of Ethics, with the Rudiments of a System of Moral Philosophy, New York 1961 (dt.: Verallgemeinerung in der Ethik. Zur Logik des moralischen Argumentierens, Frankfurt/M. 1986)

Spaemann, Robert, Moralische Grundbegriffe, München ³1986

Splett, Jörg, Konturen der Freiheit. Zum christlichen Sprechen vom Menschen, Frankfurt/M. 1974

Strauss, Ernst, Probleme der Ethik, Stuttgart 1984

Weischedel, Wilhelm, Skeptische Ethik, Frankfurt/M. 1976

Witschen, Dieter, Kant und die Idee einer christlichen Ethik, Düsseldorf 1984

Wright, Georg Henrik von, Norm and Action. A Logical Enquiry, London 1963 (dt.: Norm und Handlung, Eine logische Untersuchung, Königstein 1979)

Personenregister